循环经济关键影响因素及实现路径研究

郑同社　武剑　谢雄标　著

中国地质大学出版社有限责任公司
ZHONGGUO DIZHI DAXUE CHUBANSHE YOUXIAN ZEREN GONGSI

图书在版编目(CIP)数据

循环经济关键影响因素及实现路径研究/郑同社,武剑,谢雄标著.
—武汉:中国地质大学出版社有限责任公司,2011.10
ISBN 978-7-5625-2731-2

Ⅰ.①循…
Ⅱ.①郑…②武…③谢…
Ⅲ.①自然资源-资源经济学-研究
Ⅳ.①F062.1

中国版本图书馆 CIP 数据核字(2011)第 195509 号

循环经济关键影响因素及实现路径研究	郑同社　武剑　谢雄标　著
责任编辑:舒立霞　刘桂涛　　选题策划:陈　琪　　责任校对:张咏梅	
出版发行:中国地质大学出版社有限责任公司	邮政编码:430074
（武汉市洪山区鲁磨路388号）	
电　　话:(027)67883511　　传真:67883580	E-mail:cbb@cug.edu.cn
经　　销:全国新华书店	http://www.cugp.cug.edu.cn
开本:880毫米×1 230毫米 1/32	字数:157千字　印张:5.375　彩插:2
版次:2011年10月第1版	印次:2011年10月第1次印刷
印刷:武汉市教文印刷厂	印数:1—1000册
ISBN 978-7-5625-2731-2	定价:35.00元

如有印装质量问题请与印刷厂联系调换

前　言

经济的基础在于物质资源，现有的经济形态将经济增长的希望寄托在大量消耗资源的基础之上，虽可带动经济社会的发展，却也为未来世界留下了隐患。循环经济设想的出发点与之不同，是一种在保证经济匀速发展的同时强调提高资源利用效率以减轻自然环境压力的新经济形态。近20年来，众多学者参与到对它的研究之中，但是却一直未有突破性的进展。究其缘由，没有与之相配套的方法论作为依托，使得研究难以深入开展。与现有的经济学相比，循环经济并非一种由现象而观念的研究对象，不同于我们可以轻易观察到的社会经济活动，循环经济只是一种初步的设想与愿景。我们不能从客观世界中找到一种成熟的、物质循环往复的经济形态，因为作为概念的"循环经济"一词还不够清晰，难以当做一个客观的存在进行考察。

由于学界并非将"循环经济"作为一个可被实际观察的现象来进行研究，所以"循环经济"也就不是一个清晰的概念，难以对其进行归纳和解释，只能籍由其他相关学科已成熟之方法论进行间接的分析。本书基于生态工业理论、可持续发展理论、技术创新理论等相关理论,在分析了已有文献对如何降低环境压力并提高资源利用率的研究成果的基础上,对比研究了各国学者在对"循环经济"这一问题上的视角差异。本书的研究思路在于:首先将循环经济看做是一种更为先进的经济形态,通过对专家的访谈和评价,寻找由技术创新之于循环经济的关键要素究竟为何;接着在假设的基础上,通过计算机模拟的方式,验证前述之假设,再通过案例分析进行实证;进而提出可持续发展与循环经济形态转变之间的路径关系,将可持续发展理念与循环经济连接起来,并通过案例分析进行实证。各章的主要内容如下。

第一章为"绪论"。说明了研究问题的由来与相关的背景,并对相关概念进行阐述,说明了研究的必要性,明确了研究的目标,并将研究思路的逻辑梳理清晰。研究的第一章明确了本研究的出发点,强调研究的逻辑思路存在于以下几条假设的关系之中。首先,循环经济是一种全新的经济形态,它并非现有经济形态的变形或延伸,不能完全凭借现有的方法论工具进行分析;其次,经济形态的变迁会导致产业结构的变化,而这种变化来源于技术创新;第三,创新维度的差异对经济形态变化的支持程度不同,结构性创新导致企业的"惯例"发生变化,最终实现经济形态的变迁;最后,可持续发展与循环经济之间存在路径关系,可持续发展在对循环经济的评价中存在重要作用。

第二章为"文献综述"。由于关于循环经济的研究还未成体系,"循环经济"作为一个概念还不成熟,本研究尝试从其他相近理论入手,来对循环经济进行间接的分析,主要从"生态工业理论"、"可持续发展理论"和"技术创新理论"3个研究领域入手进行分析。生态工业理论关注工业生产的清洁化议题,尝试运用生态学方法对工业社会的高污染、高消耗的现象进行遏制,以达到降低自然环境压力的目标;可持续发展理论关注如何保证经济社会永续发展的问题,可持续发展理论以经济增长为前提,希望通过人工过程进行干预和改变资源配置的方式,改变现有经济增长方式;经济形态的转变依赖于新技术的发明与应用,通过对技术创新理论的分析,有助于本研究发现现有经济形态向循环经济形态转变过程中的影响要素。

第三章为"创新维度与经济循环的关系"。通过专家访谈,提出了本书最初的研究假定。本书的第三章通过对技术创新过程的研究确定了创新过程中的关键要素,并在此基础上,运用确定的关键要素来分析不同维度的创新对循环经济的支持。研究主要导出了两条推论:①技术创新对循环经济影响的关键要素有三,具体是"技术投入"、"合作频度"和"知识转移",其在技术创新对循环经济的影响中存有关键的意义。②结构性创新会导致经济形态的转变,是支持"循环经济"原则的创新维度。技术创新过程这个概念

③可持续发展与循环经济之间的路径关系通过"企业合作"与"知识转移"两个中介变量进行连接;④"创新投入"、"资源开采量"、"固定资产投入"、"环保投资"是可持续发展实现的关键影响因素。

本研究创新点在于解释了作为全新经济形态的"循环经济"变迁的规律所在,在此基础上确定了其关键的驱动因素——结构性创新,尝试提出可持续发展与循环经济之间的路径关系,并在统计学的意义上对其进行了验证。

限于本人知识背景不够,再加上一定程度上缺乏现代管理理论的学习和实践经验,本研究存在一定的不足,有待进一步深化和完善。

首先,对于国内外关于可持续发展、生态工业理论以及技术创新理论的文献分析还不够透彻,对于循环经济形态内涵的思考还不够深入;其次,对于目前进行循环经济试点的企业实际情况掌握的还不够深入,没有真正意义上探索出由现有经济形态向循环经济形态转变的路径;最后,本研究只是对于影响现有经济形态向循环经济形态转变的关键因素的初步探索,其中对于技术创新与循环经济形态实现之间关系的分析还不太明确,技术创新、可持续发展与循环经济形态之间的关系以及其科学合理性尚有待进一步论证。

第六章为"循环经济的实现路径"。本章采用发放量表的方式,对可持续发展和循环经济形态之间的路径关系进行了研究。通过运用结构方程模型,首先采用验证性因子分析的手段确定了可持续发展的关键影响因素,并在此基础上对可持续发展与循环经济进行了路径分析。本章的研究结论大致集中在两个方面:首先"创新投入"、"资源开采量"、"固定资产投入"、"环保投资"是可持续发展实现的关键影响因素;其次,可持续发展与循环经济之间的路径关系非直接,而是通过"企业合作"与"知识转移"两个中介变量进行连接。

第七章为"郑州登封区域循环经济案例分析"。本章的主要内容是对第六章的结论进行案例分析以将其实证。本章选取了河南省郑州市登峰地区作为研究样本,收集了其从2002—2009年度的数据。具体的参数选取参考了第六章的研究结论,运用系统动力学(System Dynamic)的方法对其进行了计算模拟。将固定资产投入、环保投入、创新投入、资源开采系数、人口增速等变量作为调节变量设定了不同的3种方案来对模型进行控制。模型的模拟结果较好地支持了第六章的结论,上述调节变量对区域的可持续发展存在着明显的影响。

第八章为"研究结论与展望"。通过前文的研究分析,可知本研究结论有如下四条:①循环经济形态的实现依赖于"结构性创新";②结构性创新存在于企业的合作之中;

具有重要的意义,因为测度技术创新的效力存在难度,但是可以通过对创新过程的观察,发现其关键的影响要素,通过对要素进行分析,有助于我们了解技术创新的实质。

第四章为"企业合作与循环经济的关系分析"。本章通过运用 CAS(Complex Adaptive System)理论的方法,对第三章的推论进行了模拟分析。分析的结果显示了两条结论。首先,在资源数量稀少时,企业会主动调整固有依赖于资源的增长方式,会通过持续的合作来维持生存,企业的行为受外部环境变化的支配;其次,企业的合作频度、技术投入对提高企业的资源和废弃物利用率、降低自然环境压力存在明显的影响。以上结论支持了第三章的推论——较高的技术投入和较高的合作频率会提高企业的资源利用率,并保证企业均衡地增长。

第五章为"循环经济中企业合作与技术创新的关系分析"。本章通过对河南省某企业循环经济试验的案例分析,发现企业合作频度的增加会提高企业的综合效率和技术效率。本章运用数据包络分析(Data Envelopment Analysis)的方法将技术创新投入、环保投入与企业合作频度作为投入指标对样本企业的技术效率进行了测量,结果表明,在该企业实行循环经济的试验后达到了技术效率最优。这可以说明实施循环经济试验使各种投入与产出之间的配置达到了一个较优的水准,而这些受到了企业合作频度这一关键变量的影响。

目 录

第一章 绪 论 ………………………………………… (1)
  第一节 问题由来 ………………………………………… (1)
  第二节 现实背景 ………………………………………… (6)
  第三节 研究思路 ………………………………………… (15)
  第四节 章节安排 ………………………………………… (24)
  第五节 创新点 …………………………………………… (25)

第二章 文献回顾 …………………………………… (26)
  第一节 关于生态工业理论的研究 ……………………… (27)
  第二节 关于可持续发展的研究 ………………………… (34)
  第三节 关于技术创新的研究 …………………………… (40)

第三章 技术创新与循环经济的关系分析 ………… (47)
  第一节 引 言 …………………………………………… (47)
    一、背景 ………………………………………………… (47)
    二、技术创新与循环经济 ……………………………… (49)
  第二节 基于专家系统的评价 …………………………… (51)
    一、框架 ………………………………………………… (51)
    二、关键要素 …………………………………………… (52)

三、自然语言模糊定值 …………………………………… (53)
　　四、评判矩阵 ……………………………………………… (54)
　　五、影响度、被影响度、中心度、原因度 ……………… (54)
　第三节　结果及讨论 ………………………………………… (55)
　　一、计算结果 ……………………………………………… (55)
　　二、进一步讨论 …………………………………………… (57)
　第四节　本章小结 …………………………………………… (62)

第四章　企业合作与循环经济的关系分析 …………………… (63)
　第一节　引　言 ……………………………………………… (63)
　第二节　企业合作模型的构建 ……………………………… (66)
　第三节　结果及讨论 ………………………………………… (70)
　　一、关于企业数量与资源储量 …………………………… (70)
　　二、不同模拟方案的对比 ………………………………… (73)
　第四节　本章小结 …………………………………………… (78)

第五章　循环经济中企业合作与技术创新的关系分析 …… (80)
　第一节　引　言 ……………………………………………… (80)
　第二节　方法选择 …………………………………………… (82)
　　一、投入和产出指标 ……………………………………… (83)
　　二、模型解释 ……………………………………………… (86)
　　三、样本 …………………………………………………… (87)
　第三节　结果及讨论 ………………………………………… (88)
　第四节　本章小结 …………………………………………… (90)

第六章　循环经济的实现路径 ………………………………… (93)
　第一节　模型构建 …………………………………………… (94)

一、自变量 …………………………………… (94)
　　二、中介变量 ………………………………… (95)
　　三、因变量 …………………………………… (97)
　第二节　样本选择 ………………………………… (97)
　　一、样本选择方案 …………………………… (97)
　　二、样本的人口统计分析 …………………… (98)
　第三节　前　测 …………………………………… (100)
　　一、量表设计 ………………………………… (101)
　　二、信度检验 ………………………………… (105)
　　三、效度检验 ………………………………… (107)
　第四节　结构方程实证检验 ……………………… (111)
　　一、检验 ……………………………………… (111)
　　二、讨论 ……………………………………… (126)
　第五节　本章小结 ………………………………… (130)
第七章　河南郑州登封区域循环经济案例分析 ……… (131)
　第一节　引　言 …………………………………… (131)
　第二节　回　顾 …………………………………… (132)
　第三节　方　法 …………………………………… (136)
　　一、界定边界 ………………………………… (137)
　　二、变量选取 ………………………………… (138)
　　三、预测试 …………………………………… (139)
　第四节　结　果 …………………………………… (141)
　　一、模拟运算 ………………………………… (141)
　　二、结果分析 ………………………………… (142)

第五节　本章小结 …………………………………… (145)

第八章　结论与展望 …………………………………… (146)

第一节　研究主要结论 ……………………………… (146)

第二节　启　示 ……………………………………… (148)

一、我国煤炭行业实行循环经济试验的必要性 ……… (148)

二、对策建议 …………………………………………… (151)

第三节　不足与展望 ………………………………… (154)

主要参考文献 …………………………………………… (156)

第一章 绪 论

第一节 问题由来

循环经济虽以"经济"之名冠之,却一直难以经济学方法论作出解释。究其根本,不外乎研究对象的不确定。在传统经济学的认识论中,对于商业社会中的一切问题,皆有"市场"与"技术"二词作为有效的解释。比如我们在观察各种经济活动的现象时,皆以理性假设和均衡预期作为研究之先决条件,因为如若不然,作为约束条件的"利己行为"便不能存有合理的解释,而面对一个不能作出理性选择的个体,用于解释其行为的理论便不能被普遍的事实或者行为推翻,这就违背了科学方法论的基本出发点——证伪而非证明。经济学是通过分析社会中人的行为来解释客观现象的科学,这就要求人的行为是经过理性选择而得来的,当然这种选择是否真的理性在此并不重要,重要的是我们要把这种"选择"假设是理性的才可以具备一个科学研究的出发点,否则便缺乏逻辑上的说服力。比如说陈光标先生在台湾散金于贫民之手,经济学面对这个现象时,实质上并不深究其原因何在,只是假设这一行为已通过当事人的理性选择而发生,其目的在于避免不可被推翻的 Tautology 存在罢了,这是逻辑学上的一个观点。而至于均衡预期的假设则是为了简化研究的复杂程度,为研究结论寻找一个可行且收敛的解。

以上的表述清晰地界定了经济学的研究范畴和先决条件——人类社会的经济活动、理性假设与均衡预期。对于人类社会的经济互动,"市场"和"技术"皆可对其进行有效且逻辑清晰的解释,但对于"循环经济"而言,以上两者在解释上的话语权却受到了威胁。其原因有以下两点:首先,循环经济研究之目的在于解决现代社会的高速发展与资源环境的困境,而这种困境却又难以完全通过"市场"与"技术"进行有效的分析,虽然也有学者提议运用"技术"的手段改变这一现象,但却难以得到深入的结论——对资源的二次利用与保护环境的行为怎能简单地用理性假设来解释;其次,循环经济之精髓在于"循环"二字,而这恰恰是现有经济学方法论解释的难点所在,纯用"市场"或是"技术"的观点都难以揭示经济循环的本质。从根本上看,其上诸因盖源于经济学研究之假设过于强大,虽在解释一般社会经济活动中有着较好的效果,但在"循环经济"的研究范畴内却遭遇了阻碍。

也有学者,诸如庇谷(Pigou)提出将资源环境问题统归于"外部性问题范畴",企图将其一推了之(高辉清,2008),以提高研究的可操作性。但庇谷在其伟大的著作《福利经济学》(The Economic of Welfare)中提出的一个有趣的例子却暗含与之相左的观点:一间工厂的正常生产所排出的废物污染了邻居,但工厂并未向邻居进行赔偿,只将用于生产的费用计入生产成本,而忽略了邻居为治污所付出的代价。于是,作为生产费用的私人成本和治污费用的社会成本就被剥离开来,庇谷认为,工厂若不赔付相应的费用给邻居,政府便要进行干预,要求工厂交付一定比例的税款来均摊社会成本(Pigou,1920)。简单说来,这就类似于今天政府和企业之间进行的排污权交易,在这个例子中,环境的污染可并非所谓的"外部性问题"。由此可见,将环境资源作为"外部性范畴"来讨论,并非解决问题之道。

经济的基础在于物质,从历史的角度来看,人类社会历经了渔猎、农业、工业3个阶段,而这3个阶段,不同阶段的经济形态由物质积累程度来决定。任一经济形态中物质由形成、聚集到发展、更迭的过程都要经过相当长的历史时期(段宁,2005)。但无论如何,即便经过再长的历史时期,每种经济形态都会经历以上的发展过程,它体现出一种类似于人类生命的出现、发展到消亡的递进过程,这是客观存在的规律,不以任何主体的意志为转移。在任何一种经济形态中,人类都尝试去分析解释经济活动中的各种现象,以期指导自身认识和改造客观世界,经济学这门学科恰恰正是适于此强而有力的工具,但若要面对全新的经济形态,也必须用恰适于其的解释方法。莱斯特·布朗(Lester R Brown)通过研究发现了一个事实:从1950年到2000年,全球的产品与服务产出激增7倍,但这恰是以对环境的肆意破坏为基础的,若经济以这样的速度保持增长,在50年之后,当时的经济总量将超越自然环境的承载能力(Lester R Brown,2005),可持续发展成为一句空谈。面对未来世界这种全新的经济形态,必然有对其分析解释的新方法。纵观工业社会以来世界的发展,作为经济发展的物质基础和代谢方式并没有大的改变,但是代谢规模比起以往,却有了呈几何梯数级的增长。这种超大规模的物质代谢为客观世界带来了极大的负担,同时也使得总的物质资源出现超限的消耗。基于现状,在没有全新技术进入以改变物质代谢方式的情况下,必须考虑如何控制代谢规模以保证持续性的发展成为了问题的关键所在,这也正是循环经济的出发点。但是这种美好愿景的实现并非易事,在对作为研究对象的"循环经济"进行研究之前,我们必须具备适用于其的方法论与认识论,必须首先考虑其与一般经济问题之间的共性,才可以发现其特殊之处。

与现有的经济学相比,循环经济并非一种由现象而观念的研究对象,不同于我们可以轻易观察到的社会经济活动,循环经济只是一种初步的设想与愿景。我们不能从客观世界中找到一种成熟的、物质循环往复的经济形态,因为作为概念的"循环经济"一词还不够清晰,难以当做一个客观的存在进行考察。我们亦不能从观念到现象进行验证,因为作为一种全新的经济形态,还没有与之相适应的方法论配套。这就是说对作为分析对象的"循环经济"进行研究,缺乏科学方法的支持。由上可知,我们当然不可以想当然地用经济学的方法论对其进行武断地分析,这会使我们与真相渐行渐远,方法论的缺失会导致研究变量选取的困难,研究设计当然也就无从谈起。认识"循环经济",必须对属性有明确的认识,无论是与其他对象相同的属性,还是作为区别标准的独特特征,都应当具备清晰的前提条件。我们观察客观世界,总会有相应的方法对我们进行指导,当我们观察产业组织的运行规律时,我们可以借助产业经济学的方法论;在分析阴晴变化的天气时,会使用气象学的方法论。这是因为我们可以对这些现象进行清晰的观察,可以对其反应做出详尽的记录,如果能加长观察的时间,获取具有不同属性且更为广泛的样本,便能够无限地接近真理,在此基础上还可以通过对变量敏感程度的分析进一步修正方法论,以便于未来研究信度和效度的提高。科学的目的在于解释现象与总结规律,其不能凭借直觉开辟出一个全新的领域,"循环经济"亦不例外,必须依附于某种现象或者规律才可以进行科学的分析。

以"循环经济"作为主题的研究,多见于我国学者,而非欧美学者之手。这当有其特殊的缘由,作为一个处于经济高速发展时期的大国,又被人口过速增长与资源相对匮乏的矛盾所困扰,关注于如何实现经济的循环并不足为奇。但目前我国学者的研究主要依赖的方法论仍然以经济学的方法论为基础,将"循环经济"作为经济学的研究对象进行研究。这就出现了上文提到的问题,由于缺乏清晰的对象,导致在变量的选取上存在困难,并且不能脱离"理性假设"与"均衡预期"的桎梏。迪尔凯姆(E Durkheim)认为,凡是关乎于社会科学的研究,应当是由观念到现象的验证(E Durkheim,1901),而这种验证无外乎通过定性或是定量的方法来实现。我们知道,定性分析要求对象一定是清晰可辨的,而定量分析要求对象必须是普遍广泛的(Cooper,2003)。那么"循环经济"究竟是清晰的还是普遍的呢?对于此,却难有确切的结论。作为科学研究的对象,我们相信通过某种方法可以将现象与本质衔接起来,但前提是现象是可被观察的,无论是清晰的还是普遍的,当现象不能被观察时,观念就不可能形成。有学者尝试对循环经济下定义,段宁曾经对循环经济定义如下:循环经济是人类以可持续为经济增长的目的,以对作为物质基础的资源和环境循环利用为手段所形成的生产者、消费者、分解者的协调的经济形态(段宁,2005)。姑且不论这条定义正确与否,但是这条定义缺乏足够的证据链条来支撑。科学的结论不是如何是而是何以为,这条定义在逻辑关系上就已经本末倒置了。此外,还有大量学者,诸如储大建、高辉清等,都在此领域做了大量的工作,但是行之有效的方法论,依然未能形成。

那么,"循环经济"是否可以被当做科学命题进行研究或者说关于"循环经济"的设想是否能实现,现在是不能盲目地下结论的,关键在于我们应当运用何种手段去构造研究"循环经济"的方法论。我们首先要清楚,"循环经济"并非是一个客观存在的现象,而是一种基于对现状不满而提出的设想,首要的工作不是如何实现这一设想,而是要论证形成这一设想的依据是否科学。明确了这个问题,在对其的研究上,就有了可以依靠、可以观察的对象,对此进一步展开研究,就有了可能。因此,本书关注的重点并非如何形成循环经济这一经济形态,而在于所设想的循环经济形态是否具有明确的科学依据。

第二节 现实背景

对于人类社会本身而言,向来存有非此即彼的观念的冲突,近代以来,在文化冲突的背景之下,对于世界发展的趋势也存有截然不同的两种观念——悲观的或乐观的。托马斯·马尔萨斯(Thomas Malthus)作为完全的悲观主义者,认为人类社会不可避免将走向灭亡,因为过度增长的人口必将耗竭掉整个世界的资源(Thomas Malthus,1798)。马尔萨斯的理论并非完全危言耸听,在20世纪70年代,诸多学者围绕其观点进行了卓有成效的研究,并认为人类终将走向灭亡之途。马尔萨斯的观点的前提假设有两条:人类的繁衍欲望无止境和资源的有限性。1972年,以美国麻省理工大学的梅多斯教授为首的4名年轻的科学家发表了《增长的极限》一书,把这种模糊的悲观情绪提炼成了一幅清晰的图画。《增长的极限》的作者们描述了一种单纯追求经济增长所带来的灾难性的后果,一系列诸如环境污染、人口增长、资源耗竭等问题发生连锁反应终会毁灭我们赖以生存的地球。福斯特教授和他的罗马俱乐部的同仁们将《增长的极限》中的预言用电子计算机模拟表现出来,为现代社会的经济发展敲响了警钟。

越来越多的人对世界的未来持悲观的观点,因为从目前来看，我们的经济形态在短期内并不存在大幅改变的可能，经济的高速发展依赖于地球上现存的资源。这种发展模式终将导致资源的耗尽，使我们的经济体系走向崩溃。这种观点在逻辑上是正确的，在我们发现一种完全不同于现在的新型经济形态之前，如果没有资源作为支持，我们的经济增长就会停止，这是现有经济体系所决定的。经济停止增长对人类社会带来的灾难是毁灭性的，经济增长的停滞会伴随粮食减产、失业率上升等一系列问题。也有一种声音认为这样的观点过于悲观，因为我们人类通过科学研究可以寻找到更多的资源，而不必坐以待毙。他们有足够的理由来支持他们的观点，在20世纪20年代，美国部分学者通过对已探明石油储量（70亿桶）的分析，得出全球现存的石油储量仅可以支持14年左右的使用。但是，到了将近100年后的今天，石油依然是我们主要使用的能源，新近探明的储量可以支持50年左右的使用，并且在节能技术不断进步的今天，或者说随着科技的发展，可使用年限仍会延长。

但是有一个问题不能忽略，全球的人口正在以爆炸式的速度递增，在短期内没有有效的控制方法。造成这一局面的关键原因在于经济发展的水平不均衡，越是经济发展缓慢的地区，其人口的增速也就越快，这样，这些地区对资源的需求力度会大大加强，进而使客观环境承受更大的压力。这又是一个两难抉择，是发展经济还是保护环境？从区域的视角来看，这种问题难以有效解决，经济增速较缓的地区往往在科学技术方面存有劣势，因为不发达的经济难以支撑现代科学研究，这就注定了这种地区必须依赖技术输入并利用资源条件的优势来发展，否则经济就会倒退，并带来一系列安全和政治问题。而人口压力相对较小的区域其科技水平也相对较高，资源配置的效率远高于人口压力大的区域,可以实现可持续发展的目标。这变成了一个强者恒强,弱者积弱难返的尴尬局面。一些悲观主义者希望通过限制人口增长的方式缓解人类社会的过度需求对自然环境造成的破坏,但这种方法的可行性令人质疑。在技术水平相对较高的地区,诸如欧洲,其人口增长率一直走低,自然环境承载力水平在一个可控的范围内。而科技欠发达的区域,诸如非洲和远东(不包含日本等国),如果限制人口的增长水平(姑且不论是否可以实现),那对于当地的经济发展来说无异于是一场灾难,因为大量有效需求被抑制,这将会使经济发展停滞,并可能进一步导致社会崩溃。尽管持这种论调的学者有着这样或那样的理由,但是这种方式的出发点只是为科技水平较高的地区留出了足够的资源利用空间,对那些科技水平欠发达的地区有失公平,不管这种观点是出于好意还是恶意,在今天这种情况下都非最好的选择。

自20世纪50年代以来,全球表面的土壤和森林面积都减少了大约1/5,难以计数的物种正在不断消失。这一方面是由于我们对自然资源无止境地索取,另一方面是人口爆炸所带来的二氧化碳排放量的大增,加剧了全球气候的变化。我们当然不能把这一切完全归咎于现代工业社会,但是由于支持经济增长的方式强烈依赖于矿产资源,使得已探明储量的各种资源大幅减少。以目前的发展速度而言,其中煤炭储量仅可支持200年左右,而石油为50年左右。William Rees和他的学生Wackernagel在20世纪90年代曾经提出过"生态足迹"的概念,其含义为人类消费的自然资源和承载所产生废弃物的生产性土地面积(William Rees、Wackernagel,1992、1996)。这是一种潜在的悲观主义的观点——当我们的地球无法提供给我们足够的土地来消减我们的文明带来的污染时,人类社会不可避免地会走向毁灭。他们的观点描述出了一幅令人警醒的画面:"一只承载着人类文明的大脚,踩在我们生存的星球上的充满悲观情绪的脚印"(Wackernagel,1996)。抛除这种悲观的论调,William Rees 和 Wackernagel 的理论为我们判断一个地区的可持续发展的能力提供了参考,我们可以通过考察某一地区的资源再生能力来判断在某一时刻这个地区是否处于可持续发展阶段。美国发展定义组织(Redefining Progress)与世界野生动物基金会(WWF)每隔两年会发布全球各国的生态足迹计算结果(Living Planet Report),根据发布的结果来看,全球人均生态足迹过载率都维持在20%以上,而我国的情况更加不乐观,在综合各种因素的情况下进行估算,也总是保持在120%以上。

也有人对这种情况表示乐观,朱利安·西蒙(Julian Simon)认为那些悲观主义者的预言都不会出现,这种自信既来自于历史上众多悲观预言的破产,又来自他自身的分析判断。西蒙认为新型资源的出现总会替代以往所认为不可或缺的能源种类,随着人口的不断增长,尽管会威胁到自然环境的承载力,但同时也会创造出大量的需求。在这种需求的推动下,经济会出现持续增长的状态,而这种状态会推动科学技术的进步,并带来新的能源,随着经济形态的转变,经济增长对自然环境的压力会逐渐减弱(Julian Simon,1980)。西蒙的观点对那些持不可知论的悲观主义者是一种回击,但这并不能立即减轻我们赖以生存的自然界的压力。西蒙观点的主要理由集中在以下几个方面:首先,使我们的自然环境承载力状态恶化的关键原因不是人口的增多而是资源利用率的不足;其次,市场机制的调节作用,对能源价格的市场调节会导致人们考虑能源的替代方案,这会在一定程度上减轻资源压力,也会促进科技水平的提高,而且这种反应很敏感;第三,人类在经济增长的条件下,会主动调节与自然环境的关系。一份1992年世界银行的报告显示,污染与收入之间的关系是一条向右下方而非右上方倾斜的曲线(Julian Simon,1980)。

西蒙的观点来源于一种冲突的观点——自然界究竟存在正反馈效应还是负反馈效应?正反馈存在的观点认为,正反馈的效应使自然环境出现恶性循环而趋于崩溃。举一个简单的例子,氟利昂的过度排放会导致温室效应,全球温度持续升高,而在这种高温的情形下,人类会排放更多的氟利昂以保持温度的均衡,这种情形持续往复,气温会一直上升,最终使得人类无法承受。负反馈的观点认为自然界拥有自我调节的能力,比如经济发展会导致人口的增长,而增长的人口会增加自然环境的压力,当这种压力突破了一个上限,就会导致死亡率的上升,最终人口的数量会保持在一个较为合理的状态下。这两种观点相互冲突,但都表明了一个清晰的判断——资源的消耗是不可逆转的。这符合热力学第二定律——在能量转化的过程中,相变将会导致能量的不完全转移,消耗掉的能量不可再生,而能量一旦释放,在这种状态下也不会继续做功。这说明在一个封闭的系统中,如果没有新能源的出现,现有能源一定会被彻底消耗。从宏观的角度来看,太阳能是我们生存的地球唯一存在的外部能量源,如果地球自身储存的资源消耗殆尽的话,仅依靠太阳能这种流动的能源,很难支撑起整个人类社会的活动。复活节岛的例子验证了这种观点,在一个土地肥沃物产丰富的封闭空间区域内(复活节岛),通过较小的代价就可以维持一个合理的人口增速,但随着经济增长,剩余的财富支撑起了人们对宗教的需求,人们开始大量修建人像,这样的工程破坏了岛上固有的植被,并消耗掉了大量的自然资源(石矿和用于工具制造的金属矿),岛上的经济迅速滑落,经济开始倒退,死亡率升高,人口数量持续下降。在1877年智利政府占领该岛的时候,这个岛的人口已经从鼎盛时期的近万人下降到100人左右。这个例子并非是一个存于保守长辈口中的说教故事,而是真实发生的事情,复活节岛就有如我们生活的地球,如果不进行长远的、可持续的考虑和规划,复活节岛今天的情形就是地球明天的样子。

的确,西蒙的观点不无道理,历史上大多悲观的预言都未成为现实,反而成为了后人的笑柄,有如保尔·额尔利奇(P Ulrich)和梅多斯(Meadows)对世界未来的预测,前者认为我们世界的资源不能支撑人类社会到1985年(P Ulrich,1974),后者则预言了一个"增长的极限"(Meadows,1972)。但他们依然是伟大的学者,我们不能因为他们的预言失败便认为他们的研究毫无用处,这些预言的警示作用让我们提前思考应对的措施。尽管预言中的世界出现只是一个小概率事件,但它并不是完全不可能出现,复活节岛就是一个很好的例子。面对日益严峻的自然环境情况,盲目乐观是不明智的选择,人类社会的经验告诉我们,只有防患于未然,才可置之死地而后生。我们既不可以被悲观的情绪笼罩而放弃对客观世界的改造,也不可以成为技术决定论的乐观主义者,而是应当在对现实世界客观分析的基础上,讨论如何使得现有的经济形态升级以适应资源减少的现实。

我国作为一个发展中的工业大国,资源的储量和种类虽然丰富,但人均占有量极少,水和耕地面积不足世界平均水准的1/4,石油占有量仅是世界平均水平的1/6,而我国的经济形态又决定了我国的资源利用率低且浪费严重,我国的资源开采方式粗犷,国民经济的增长事实上依赖于资源的浪费,单位GDP的能耗超过世界平均水平4倍之多。最重要的是,我国目前依然处于经济高速发展的时期,资源的压力在之后相当长的一段历史时期内都会持续存在。这种思路下的经济发展方式难以被认为是一种可持续的姿态,一种缺乏整体性思维的产业布局方式导致了这种高能耗低效率的局面,但事实上这种情况到今天都没有得到足够的重视。资源利用效率的低下,往往伴随着环境状况的急剧恶化——这是当然的,你不能认为一个较低效率的系统对周围的外部环境具备强烈的敏感性。现实的情况是残酷的,一方面资源浪费和环境的压力将我国的自然资源环境承载力逼近极限;另一方面,一旦在环境和资源利用方面作出限制,经济的增速就迅速减缓。这种两难局面并非喊一两句口号就可以得到解决,低技术含量的产业格局注定不能逃脱这种情况的出现。由此,对于"循环经济"的研究开始见诸报端。

对于"循环经济"研究的出发点来说,越来越恶劣的外部环境是首当其冲的因素。现今世界与庞谷所在的大半个世纪以前已不可同日而语,人口数目的激增与经济发展的压力正在越过我们赖以生存的地球的承载边界。这似乎成为了一个类似伊壁鸠鲁问题的两难抉择:高速发展经济,便要向大自然索取资源,而要保护环境,就不得不降低资源开采的速度,但这又会影响经济的发展。在这个两难问题的情境之下,对于经济是否能够实现"循环",实现资源的永续利用,便成为了学术界关注的焦点。我们居住的世界是一个复杂的系统,任何一点细微的变动都会引起整个系统的大幅震荡。过去 100 年间,为了经济发展而对树木的超量砍伐致使二氧化碳排放量激增,直接导致了温室效应的产生,而这又会使得全球温度升高,南北极冰面融化,进而威胁到全球的海滨城市。同时,温室效应的加剧还提升了自然灾害发生的频率和强度,全球极端气候数目持续上升。这种困难的境地迫使人类不得不重新思考经济形态的转型问题,但这种问题并非简单的分析就可以解决。对于经济学或者其他社会科学来说,不能够对一个尚未存在的经济形态作出有效的研究,因为经济形态的转变不依赖于我们简单的构想,尽管这种构想是我们对客观世界思考的直接反馈。作为社会科学的研究者,对客观世界进行的观察有助于我们揭示事物运行的规律,却不能帮助我们提炼尚未出现的定律。"循环经济"尚只是科学家们一种美好的愿望,距离观察它、总结它的规律,还有相当长的路要走。追根溯源,经济形态的转变依赖于生产力的发展和生产关系的变迁,作为促进生产关系变革的最重要因素,科技进步因素应当被放在首位考虑。纵观人类的历史长河,任何一次生产关系的变革都伴随着科技大发展的脚步,当科技进步突破了某一条界限的时候,经济形态的转变就变得顺理成章,就如同詹姆斯·瓦特(James Watt)在1765年那个温暖的午后修好的那个"来劲的机器"为我们带来了现代工业社会一样。这个例子为我们提供了一个很好的思路,一个如何看待"循环经济"的思路。对一个尚未谋面的新"名词",太多的学者投注了太多的热情,却不得不面对一无所获的困境,并非是他们不够努力,而是研究的出发点出现了错误。

纵观世界对于"循环经济"的研究,可以发现这样一个规律——稍有价值的研究反而存在于相关的技术学科领域,而且往往是对一些试验的描述,但缺乏整体性的归纳。这不是这些学者的问题,而是因为经济学这一学科在这个问题上无能为力——无法提供有效的方法论工具以支持研究的进一步进展。或许由于客观环境的压力所致,中国和日本的学者对"循环经济"研究的热情远胜于其他国家的学者,并且在研究成果的数量上也甚为可观。不必对这种现象感到惊讶,上述两个国家亟需相关研究的帮助,下面进行分别解释。

作为一个狭长的岛国,日本自身资源有限,极易遇到发展瓶颈,这一点和英国相似,这也可以说明为何这两个国家在产业革命初期不约而同地选择了向外扩张,寻求更广阔的空间和资源是唯一的目的。从这个角度来看,这两个国家通过科技发展进而推行殖民主义并非受单一群体的影响,而是整个种族在面对历史时的无奈选择。经过两次世界大战的教训,日本放弃了通过殖民的手段获取资源和空间,转而进行一系列的改革以支持创新。这种创新的原动力并非完全是由科学的好奇心所驱动,而是面对客观现实的被动反应。日本的气候是典型的海洋季风性气候,但在不同的地区却有不同的表现方式,以 15 英寸等雨线(15 Inch Isohyet)为界,南方降雨量充足,土地精耕程度高,其人口相对密集,这就导致了资源的有限性会限制经济发展这一状况,而又受到国际政治的影响,日本必须考虑提高资源的利用率以支持经济社会的发展。对于"循环经济"的需求,日本是由一种防患于未然的心态所导致的。

而对于中国来说,情况与日本有相似之处,同样是人口密集的国家,同样是人均资源占有量偏低,但中国的发展道路与日本的截然相反。上追 170 年,中国在进入近代之后一直处于一种劣势的局面,关键原因在于中国统计科学水平的低下导致其无法运用现代科学手段在数字上对国家进行管理(黄仁宇,1994),尽管李鸿章、袁世凯和孙文等人虽然一心想将西方优秀的制度移植到中国,但却往往以失败告终。一个在经济形态上依旧处于中世纪的国家在生产力未得到解放的基础上当然不可能产生全新的经济形态,并非那些改革家能力不足,而是整个社会的庞大底层还没有支持新形态经济的能力。1978 年之后,中国开始解放束缚生产力发展的桎梏,经济形态的转变成为了可能,但由于140年来耗费的时间导致我国丧失了为新经济形态储备资本的时间和空间,所以只能选择一条粗放式的、高能耗、低劳力资本的发展道路,可以说这是一次被迫的选择。进入新世纪以来,由于环境状况的不断恶化,以及资源消耗速率过快,导致我国学者开始对这种经济发展方式进行反思,纷纷期望能够找出一条中间的道路——既不影响经济发展的增速,又可以降低对自然环境的压力。在这种背景下,大量相关于循环经济和可持续发展的研究如雨后春笋般相继发表。

不得不说我国的学者对待客观世界有着强烈的历史责任感,但是一种折中主义的思潮往往是逃避的表现(John Dunning,1976)。目前尚不清楚是否真的存在这么一种折中的路线可以平衡经济发展和资源耗竭的矛盾,但是这种折中主义却未能清晰看到经济形态变迁的奥秘——有技术进步导致的结构性变革,而非一种依赖于人性的政策指引。本书认为,与其对"循环经济"这种尚不存在的经济形态侃侃而谈,不如看清这种愿景与现有状况之间的矛盾本质,在经济形态变迁的理论中寻找那些对其有关键影响的因素究竟有哪些。

第三节 研究思路

一般认为,研究思路的获得来源于两个决定性的观察,即目标事物是清晰的还是普遍的?这是一个科学的标准,是我们认识客观世界的有力前提。但令人感到困惑的是,"循环经济"这一预设的研究客体,却无法进行有效的观察。退一步讲,即便脱离了"实证主义"的语境,在对"循环经济"的分析上也不可能得出"经验"的结论。预言家也许是智者,但绝非是好的科学家。纵观国内外的文献,却不能发现一种有力的证据表明循环经济存在的某种规律或现象。大部分的学者认为,循环经济的概念肇始于肯尼斯·波尔丁(Kenneth Boulding)的《即将到来的宇宙飞船经济学》,在这本书中,波尔丁描述了一个完美的闭环系统。在该系统中,通过某些手段的利用,资源消耗得以降低以支持飞船内的物质平衡和永续发展(Kenneth Boulding,1962)。波尔丁的作品最大的意义在于他为这个高速而发达的资本主义社会敲响了警钟——世界的资源并非开放而线性,而是一个有限且封闭的系统。不少学者将波尔丁的文章看作是"循环经济"这一概念出现的起源。然而,在其著作中从来都没有出现过"循环经济"一词,我们并不能从他那里得到建立"循环经济体系"的有力指导,尽管如此,波尔丁依然对这种经济形态的转变提供了足够的证据链条和依据。不过,这种"宇宙飞船经济理论"却启发了之后的一些研究者,著名的如梅多斯(Meadows)教授率领的4人小团队,他们在波尔丁的基础上提交了一部黑色警示预言《增长的极限》,这本书中充斥着悲观的论调,认为资源耗尽的趋势不能逆转,经济必将在增长的极限到来之前崩溃,但事实上这本书里依然没有关于"循环经济"的详尽描述,充斥在字里行间中的无不是对现实世界的悲观思考。

从严格意义上来说,"循环经济"一词最早出现在大卫·皮尔斯(David Pearce)和凯利·特纳(Kerry Tuner)的《自然资源与环境经济学》一书中,这是最早的对"循环经济"一词作出解释的科学论文,他们认为"循环经济"建立的目标是实现资源配置的可持续化,将经济系统内嵌于生态系统(D Pearce, K Tuner,1989)。皮尔斯和特纳的著作在学术界引起了广泛关注,尤其被我国和日本学者认为是指导循环经济的有力方针,在此之后,3R 原则被认为是实现循环经济的关键原则,并且皮氏和特氏还引发了关于可持续发展研究的热潮。3R 原则的本质在于减量化(Reducing)、反复利用原则(Reusing)和再生利用原则(Recycling)。这 3 个原则正对应一个系统的输入、过程和输出,看似完美,并且有着合理的解释。减少人类社会对资源的依赖程度,降低资源损耗对自然环境的影响是为"减量化",要求人们克制欲望,并且理性消费;而"反复利用"则要求提高资源的利用率,最大程度上发挥自然资源的利用性,并使其实现循环使用;"再生利用原则"则考虑了废弃资源的利用渠道问题,从对废弃物的循环利用角度来解决经济发展对资源依赖过度的问题。

3R 原则第一次使得"循环经济"这一概念有了实施方法上的支持,它看似给予了"循环经济体系"运作的动力,但是从 3R 原则中,我们依然看不到如何借助其帮助我们观察尚未出现的"循环经济"这一存在。事实上,3R 原则存在有较大的漏洞,首先,3R 原则建立在一种人性本善或者纯理性的思考之上,它忽视了人类欲望的存在,并且忽略了人类欲望对经济增长的推动作用,在 3R 原则第一条假设的基础之上,带有一种清教徒似的趋向,并暗含着降低有效需求的语义。而第二条和第三条假设并没有技术上的支撑,最多只能是被看作一种愿景和期望,其实质与诞生于 1962 年的《即将到来的宇宙飞船经济学》没有本质上的区别,自然也不能称之为有效的方法论了。另外还有好事者认为仅仅 3R 还不全面,提出了"4R"、"5R"、"6R",等等,并对不同的"R"提出了若干新解释,但了无新意,在此就不赘述了。3R 原则的关键缺陷在于它仍未找出一种观察"循环经济"的方法,甚至不能指导研究者发现与"循环经济"相关的关键因素,归根结底,3R 原则充其量只是一种细化了的"宇宙飞船经济学",在科学研究的层面无任何裨益。

有学者认为,在循环经济的指导之下,各种关注生态与资源平衡的经济学理论开始获得了长足的发展,诸如"稳态经济理论"、"环境税理论"、"消费限制理论"和"福利经济指标体系"等(马莉莉,2006)。这些理论从不同的角度分析了如何实现降低对资源和环境的过度开发利用,但依旧没有从本质上解决循环经济运行的秘密所在。从逻辑上分析,"循环经济"若在未来某个时段真实出现的话,这必然是一种对立于现存生产关系的新形态,它不太可能出现在现阶段的生产力体系之中,因为现阶段的生产力水平仅能支持我们目前所处其中的经济形态,换言之,在目前的生产力水平下,探讨经济循环的可能性,不啻乎一种奢望。无需感到悲观,本书的论点不是说循环经济不可能出现,而是说我们对它进行研究需要从上述逻辑链条中寻找答案,既然生产力才是经济形态变革的关键驱动力,我们不是政治家,应当更加关注科技进步对经济形态变革的影响。

借用1986年诺贝尔经济学奖得主詹姆斯·布坎南教授(James Buchanan)对杨小凯教授的评价"小凯的工作跳过200年带有误导性的经济学分析,把我们带回到亚当·斯密那里,领略斯密的基本洞见"(James Buchanan,2001),我们也应当回到熊彼特(Joseph Schumpeter)那里,重新分析创新的本质,洞察熊彼特的基本洞见,去真实地认识经济形态变化的规律。技术创新是经济变迁的关键影响因素,诸多学者在此领域作出了大量卓有成效的研究,1982年,来自耶鲁大学的理查德·纳尔逊(Richard Nelson)教授和悉尼·温特(Sydney Winter)教授出版了名为《经济变迁的演化理论》一书,这本著作虽未谈到"循环经济",但是对我们的研究却有一定的借鉴作用。这本书提出了一个见解:市场中企业的行为并非是由"理性选择"或者是"市场自然选择的结果",而是建立在一种非正式的"惯例"之中,他们认为经济环境中的主体的"惯例"会随着演化过程而显示出一种刚性(S Winter、R Nelson,1982)。他们的结论说明了一个观点:与其认为演化过程中的主体的均衡状态是由于通过理性最大化的市场动机而来,不如认为演化过程中的惯例是在一种适应外部环境的方向上进行的(S Winter、R Nelson,1982)。而这种外部环境的变化与社会的平均技术水平相关,这就说明,理解经济形态的变迁,必须讨论外部环境的变化,而要讨论这种外部环境的变化规律,必须从技术创新的角度切入。

近400年来,人类在征服和改造自然界的活动中取得了巨大的进步,我们现在的科技水平已经可以帮助我们认识客观世界物理环境的不确定性。纵观人类历史的发展,以16世纪为分水岭,技术进步和爆炸性突破的科学成果使我们的生产生活逐渐脱离了以农业和简单消耗其他自然资源为主的经济发展方式,逐渐经历了制造业的发展并最终向服务业转型。但这并不表示我们对自然资源的消耗结束,而是转变了消耗的方式——从简单、低级的消耗方式转变为更为复杂的方式。道格拉斯·诺斯(Douglass North)认为,尽管我们实现了由制造业向服务业的转变,但由于服务业增长的主要原因是资源被用于交易过程,交易成本是涉及交换过程中的支出,随着专业化程度的提高,交易次数也会随之提高,而资源的消耗量也会随之提高(Douglass North,1981)。并且由于人类生产效率的显著提高,人类的寿命大幅延长,直接为自然环境施加了更大的压力。在这种技术革新推动社会发展,而社会发展继续带给自然界压力的往复过程中,现有的经济形态受到了前所未有的质疑。毫无疑问,仅以上一条理由就足以让我们开始对于未来如何对自然界减压的问题进行探讨,比如"循环经济"理念的提出。一种观点认为通过持续的创新以降低对自然资源的依赖,并更加合理地提高其利用率。但对这种技术创新的过程能否真正对降低自然界的压力有效,还缺乏有力的证据,因为必须考虑到上文中诺斯对技术创新增加自然界压力问题的讨论。

科学技术是一把双刃剑,既可以给我们带来便利的现代生活,又会把一把自然环境的"达摩克利斯"之剑悬在我们的头顶。本书认为,讨论技术创新对经济形态变迁的影响,应当换一个角度进行讨论。无疑地,实现经济形态的升级和变迁,不依赖于技术的进步是不可能的,但是创新过程的差异也会直接导致经济形态变化方向的不同。本书首先假定技术创新是现有经济形态向循环经济形态转变的重要手段之一,并且这种技术创新有利于降低资源消耗量和保护环境。但在现实世界里,企业对于创新类型的敏感程度并不如我们想象的高,一个企业也不可能仅凭借自身的资源就可以实现转变经济形态的技术创新。经济形态变迁过程中的创新应当是一个产业集群、一个社会共同作用的结果,而作为单一个体的企业,在这个过程中并不总能具有理性的选择能力,只会依惯例而行(S Winter、R Nelson,1982)。事实上,这种应对外部环境会产生变化的"惯例",其实来源于企业的交往中,在企业的互动行为中进行调整。在此基础上,知识会在某一种频度的企业合作中转移,并且进一步形成新技术,而这种新技术会调整企业之前的选择,以更加适应外部环境。一般来说,企业在准备进行技术革新时,往往借助现有"知识"而进行的准备成功率都不会太高,因为单一的独立技术创新难以随时应对外部环境的变化。举一个简单的例子,一个企业在进行提高资源利用率研究的过程中,如果缺乏企业之间的合作,往往会导致这种新技术的传播性和适用性降低,直接说来,这种新技术缺乏对外部环境的敏感反应。这种存在于企业的合作中,并且会持续调整企业"惯例"的新技术常常会改变企业自有的"组件知识",这种"组件知识"的改变进一步会影响到企业的其他行为。于是本研究在上一条假定的基础之上,进一步认为不同维度的技术创新在对企业实现现有经济形态向循环经济形态转变的过程中作用不同。

雷贝卡·亨德森(Rebeca Henderson)与吉姆·克拉克(Kim Clark)在1994年提出了"结构性创新"一词,第一次说明了"结构性创新"对组织的影响,他们将创新划分为3个维度:"渐进性创新"、"突破性创新"和"结构性创新"(R Henderson、K Clark,1994)。与前二者不同,"结构性创新"会毁坏企业的"组件知识",会更新企业的惯例,而且这种创新来源于企业之间不间断的合作。虽然这种结构性创新会影响企业的"组件知识",而且"组件知识"蕴藏于组织机构和信息处理过程中,但是缺乏这种对"组件知识"更新的技术创新,难以实现经济形态的变化。若雷贝卡·亨德森与吉姆·克拉克的研究结论在逻辑上没有问题,那么本研究可以推得如下一条假定:现有经济形态向循环经济形态的转变过程中,结构性创新的作用是显著的,企业间通过合作而实现结构性创新,结构性创新导致了企业"惯例"改变,进而引发了经济形态的变化。

有别于现行经济形态,循环经济是以实现资源的有效利用、降低污染为前提的,这与可持续发展的精神是相同的。1976年,J·福斯特(J Foster)向联合国提交的世界模型正基于一个可持续发展的思想,福斯特和他"罗马俱乐部"的同事们运用系统动力学的方法对客观世界进行了模拟,模拟的结论在一定程度上支持了梅多斯(Meadows)和另外3位科学家所著的《成长的极限》的观点,引发了人们对可持续发展的关注。不可否认,可持续发展是循环经济形态重要的标志,判断一个系统内部是否实现了循环经济,其可持续发展的目标应当是首要考虑的问题。对于一个企业或几个企业而言,看其是否实现了可持续发展的目标,以目前的技术水平而言,是困难的。因为可持续发展是一个复杂的、宏观的系统,它涉及人口、资源、环境中各个方面的问题。就如同福斯特和他罗马俱乐部的同事一样,探讨可持续发展的问题应当将视角放在区域之上。上文所描述的3条假定是建立在企业层面技术创新的行为基础之上的,讨论循环经济形态是否存在,除了对企业进行分析之外,还应当考虑区域整体的资源和环境的问题。应当在确定可持续发展的因素前提上,尝试将可持续发展与循环经济形态连接在一起,并对其路径进行描述。于是本研究在分析企业层面的行为的同时,尝试进一步分析区域的可持续发展问题,并希望获知可持续发展与循环经济形态之间的路径关系。

　　从上面的分析可以看出,本研究的逻辑思路存在于以下几条假设的关系之中。首先,循环经济是一种全新的经济形态,它并非现有经济形态的变形或延伸,不能完全凭借现有的方法论工具进行分析;其次,经济形态的变迁会导致产业结构的变化,而这种变化来源于技术创新;再次,创新维度的差异对经济形态变化的支持程度不同,结构性创新导致企业的"惯例"发生变化,最终实现经济形态的变迁;最后,可持续发展与循环经济之间存在路径关系,可持续发展在对循环经济的评价中存在重要作用。为了进一步对研究假设进行有效的论证,本书设计了两个案例分析分别对创新效率与可持续发展和循环经济之间的路径关系进行了实证,具体思路可以通过图1-1表示成较容易理解的流程图形式。

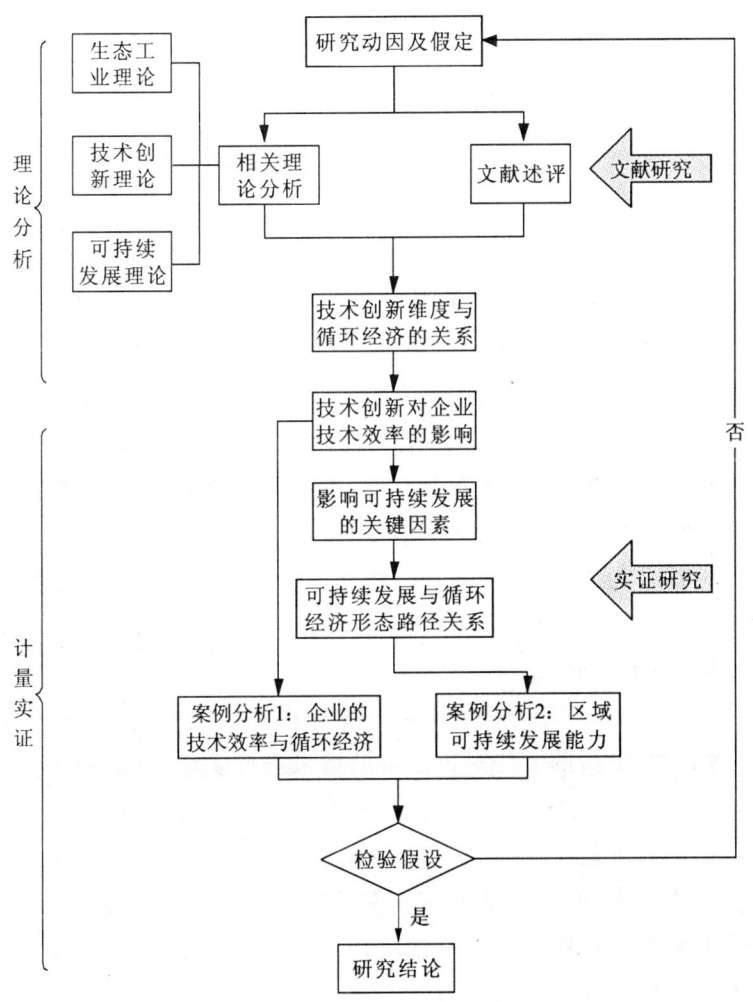

图 1-1 研究技术路线图

第四节　章节安排

综上所述,本书的章节安排大体如下:

第一章为"绪论",主要阐述本研究思路的形成原因及理由,并通过对现实背景的深层次分析,阐明研究思路中的逻辑关系。

第二章为"文献回顾",主要通过对学术界已有的成果进行梳理述评,尝试理清研究对象的发展阶段和主要观点,为进一步研究打下坚实的理论基础。

第三章为"创新维度与经济循环的关系:基于专家系统的评价",通过专家打分的方法尝试发现技术创新对循环经济实现过程中影响度较高的几个关键因素,并通过分析,提出"结构性创新"推动经济形态的变迁这一假定。

第四章为"企业合作与循环经济的关系分析",运用计算机模拟的手段,对第三章的结构进行进一步的分析判断,继续验证第三章假定的合理性。

第五章为"循环经济中企业合作与技术创新的关系分析",运用数据包络分析的方法对第四章的结果进行验证,具体的手段是通过一个时间轴来考量企业的技术效率,看其在进行循环经济改造前后的技术效率变化。

第六章为"循环经济的实现路径",通过运用问卷法,对不同层面的群体进行访谈,以确定影响可持续发展的关键要素及可持续发展与循环经济之间的路径关系。

第七章为"河南郑州登封区域循环经济案例分析",主要对第六章的结论进行了验证,鉴于第六章的结论来源于对被试进行的问卷访谈,其结果的信度与客观性需要进一步检验,遂通过案例分析来对第六章观点的准确性进行验证。

第八章为"结论与展望",主要阐述本研究的研究结论,并对研究的局限性进行探讨,在此基础上展望下一阶段的研究工作。

第五节 创新点

本研究的创新之处在于解释了作为全新经济形态的"循环经济"变迁的本质,在此基础上确定了其关键的驱动因素——结构性创新,并尝试提出可持续发展与循环经济之间的路径关系,并在统计学的意义上对其进行了验证。

第二章　文献回顾

乔治·桑塔亚纳(George Santayana)曾经认为,"不研究历史的人必将重复历史。"西塞罗(T Cicero)说:"忽略你生前发生的事情,你就永远是一个孩子"。这些哲人的警句使我们明白一个道理——对现存现象的认识必须回到其最初的地方开始分析。当面对一个似是而非或者说不太确定的概念时,这就显得尤为必要。

作为一个难以观察到的现象,"循环经济"存在分析上的困难,因为首先就难以对这个现象进行确切的描述,它既非清晰可辨,又不是一个普遍存在的现象,这使得研究方法上的选择存在现实的困难。另外一个困难来源于东西方对此概念理解的差异,若以"Circular Economy"或者"Recycle Economy"为关键词在"Web of Science"数据库中进行检索存在两个问题,一是文献数量有限,其次是作者所在地相对集中——主要是中国与日本。本书第一章已经阐述了为何"循环经济"会在以上两个地区受到重视,这里就不赘述,但在进行研究之前,必须对本领域的研究现状有一个全面且充分的了解。通过对文献的查阅,发现西方学界与此研究主题最为相关的领域集中在生态工业的研究、技术创新方面的研究和可持续发展的研究这3个领域中,本研究首先尝试从这3个领域入手,从侧面对西方研究者的成果进行分析和梳理。

第一节 关于生态工业理论的研究

20世纪60年代以前出版的杂志或报纸基本没有关于"环境保护"的议题,由此可知那个时代对"环境"的关注尚不深切,因为那时自然界还没有给人类传递明确的警告,直到蕾切尔·卡逊女士(Richel Carson)的《寂静的春天》一书出版。这部著作犹如一部"黑色的末世预言"对西方世界的主流价值提出了挑战——自然界存在的意义就是被人类控制和征服?不可否认,"人定胜天"的价值观帮助我们改造客观世界,更清晰地认识客观世界,并为我们所用。但是毫无节制地向自然索取最终也会将人类拖入走向毁灭的不归路。异常气候灾害、濒临消失的物种、日益枯寂的资源无不是自然界为我们敲响的警钟。

卡逊女士的著作引起了一些学者的关注,他们尝试在现有的经济发展模式之中寻找与自然环境相平衡的中间道路,在此背景下,对生态工业(Industrial Ecology)的研究开始走上了历史的舞台。1977年,美国地球化学家Preston Cloud在学术文献中首先明确使用了"工业生态学(Industrial Ecology, IE)"一词,但在此后的10多年间,学者们对这方面的探索并无太大的反响。关于工业生态学学科确立的时间点,大多指向了1989年,原因是两位美国工程院院士Robert Frosch和Nicholas Gallopoulos在"Scientific American"上发表了题为"Strategies for Manufacturing"的文章。显然,这是美国话语权下的必然结果。暂且不去争论合理与否,不可否认,美国人对于工业生态学的系统推动作出了巨大贡献。1991年底,美国科学院召开了关于工业生态学的专题研讨会;1994年前后,美国总统可持续发展协调工作委员会(President's Council on Sustainable Development)推动了生态工业园区(EIP)的建设试点工作;1995 年,国际工业生态学学会前两任主席 Thomas E Graedel 和 Braden R Allenby 合著出版了"Industrial Ecology"的教科书;1997 年,由耶鲁大学出版第一份业内杂志"Journal of Industrial Ecology";随后举办两次 Gordon Research Conferences;2000 年 1 月在 New York Academy of Sciences 酝酿成立学会;2001 年 2 月,学会正式对会员开放。由此可见,美国人对于工业生态学的诞生和发展作出了系统而且持续的贡献。因此,学科起源点归于美国人自身也是情理之中。

但是早在 1989 年之前,工业生态学还存在几个起源点:废物交换(Waste Exchange)、工业代谢(Industrial Metabolism)、工业共生(Industrial Symbiosis)等。有人考证,早在 1900 年前后,英国就出现了"废物交换俱乐部"。这是非常自然的事情,毕竟英国工业率先发展,而工业发展史实际上也是一部废物不断得到利用的发展史,"在大多数经济学家眼中,废物更多的是商机"。1989 年,美国通用汽车公司的 Robert Frosch 和 Nicolas Gallopoulos 在"Scientific American"杂志上发表的关于工业可持续发展战略的文章又重新引发工业生态学研究的热潮,两位作者在该文中指出:"传统工业活动中,各个制造工艺摄入原材料并生产出要销售的产品和要处理的废物的简单工业模式应该转变为一种更加一体化的模式,那就是生态工业系统。在这样的一种系统中,能量和物质的消耗是优化的,而且一种过程的排出物,无论是石油炼制过程的催化剂、发电过程产生飞灰和底灰,还是消费产品后的废塑料容器,都可以用作另一种过程的原材料。"(Frosch、Gallopoulos,1989)在 Frosch 和 Gallopoulos 看来,工业生产中没有绝对的废物,都是资源,工业生产和环境保护并不总是相互对立的,通过适当的处理二者完全可以实现统一。此后,工业生态学在20多年中得到了蓬勃发展,成为一门独立学科,形成了自己特有的学科研究领域。

自工业生态学的概念提出以来,众多学者对生态工业系统或生态工业的概念框架进行了多角度的定义或阐述。但由于工业生态学内容非常丰富,迄今为止,在国际范围内还未形成一个统一的工业生态学定义。Tibbs 认为生态工业系统是以对自然生态系统的直接类推为基础的,自然系统倾向于使废物的产生最少化,营养物从一种生物传递给另一种生物,物质和能源不断地循环和转变,在不同的行动者之间既允许合作也允许竞争。工业生态学则是按照自然系统来塑造工业系统,一家企业的产出成为另一家企业的投入,并使每一个过程的效益最大化。这样可以把若干相互作用的企业视为生态工业系统(Tibbs,1992)。Lowe Enrest 认为工业生态是对制造和服务系统(实际上也是一种自然系统)的认识过程,它通过与当地的和区域的生态系统及生物圈保持密切的联系,从而实现把生态工业系统变为一种其内部所有材料基本上都能进行再循环的闭环系统(Lowe Enrest,1995)。Ayres Robert 认为生态工业系统可能是由初级材料加工厂、深加工厂或转化厂、制造厂、各种供应商、废物加工厂、次级材料加工厂等组合而成的一个企业群,或者是由燃料加工厂甚至废物再循环厂组合而成的一个企业群。较为重要的是,该系统整体要有一种主要"出口产品",而且大多数废物和副产品能在当地利用。Erkman Suren 认为工业生态学是一个比污染控制和清洁生产都有价值的概念。实际上,工业生态学包含了这两个概念并将它们结合起来形成了一种新的实践活动,即工业生态学是工业系统和生态系统沟通的桥梁,它是纠正原来二者"相互隔绝"现象的一种有效手段。同时，Erkman 认为尽管工业生态学具有很多优点，但以此为基础建立的生态工业系统在模仿自然生态系统消除对环境负面效应方面还存在很多的不足（Erkman Suren,1997）。Cote Raymond 认为：与自然生态系统相比，生态工业系统更趋于强调企业之间的相对独立和竞争性。企业作为供应和消费链条中的一个组分，与自然生态系统中所发生的现象是基本相似的。此外，生态工业系统的生产活动是依靠其所处环境中的可利用资源来维持的，这些资源包括土地、建筑物、用于能源供应的碳氢化合物、加工或冷却用水以及人和设备所需的空气。总之，各独立企业以及它们的集合体都是系统的一部分，他们依赖于其他企业并且必须与其他企业合作才能生存下去。因此可以将生态工业系统作为自然系统的一部分进行研究，即工业系统的生产和消费可以作为生态系统中的新陈代谢问题来对待（Cote Raymond,1998）。

学者在对生态工业系统概念进行深入阐述的基础上，对生态工业系统的特征进行了研究，目前主要集中在对其复杂性和稳定性研究两个方面。生态工业作为一个复杂适应系统，具有多层次、自主适应、相互作用、动态演化等特征，越来越多地成为学者研究的重点。模型化的研究手段也已经在生态工业复杂系统研究中得到应用。Bakshi 在一篇关于过程系统工程如何适应可持续发展需求的综述性文章中指出，在可持续发展需求的推动下，过程系统工程研究的对象范围变得更大，系统复杂性的特点更为突出，而目前的过程系统工程研究尚不能提供可深入洞察系统复杂性的工具和技术（Bakshi,2003）。Harper 和 Gracedel 在总结生态工业的发展经验时指出，生态工业的核心是物质循环利用，这不单单是一个技术问题，它与人和社会紧密相关，社会文化、个体的财富和偏好都将影响系统的发展,社会科学将与生态工业紧密联系(Harper、Gracedel,2004)。而在此跨学科的研究中,系统科学将得到广泛应用。生态工业系统是动态复杂系统,就像生态系统一样,具有适应外部环境扰动的能力,一旦有新的工业行业和技术的进入,系统能够自发调整适应这种变化。

因为生态工业系统被视为一种特定的生态系统,所以在相关的研究成果中,对其稳定性的描述尚不成熟。在生态学文献中,不少学者认为,系统的稳定性与复杂性密切相关,即系统的复杂程度越高,表明生态系统越稳定;相反,复杂程度越低,则群落就越不稳定。因此在现有的研究中,很多学者认为生态工业系统稳定性取决于其多样性。生态系统多样性是指生境多样性、生物群落多样性和生态过程多样性。生境是指无机环境。生态系统多样性决定了生态系统的稳定性。而生态工业系统多样性主要包括其在产品类型、产品结构上的多样性,生态工业园区类型的多样性,园区内组成成员的多样性,园区企业多渠道的输入输出,园区内管理政策的多样性等。Hakan Berg 等人运用工业生态学的相关理论与方法,研究了津巴布韦的卡里巴湖水产养殖业的持续发展问题,发现为了达到产量和处理废弃物,密集型网箱养殖比池塘养殖需要占用更多的生态系统支持空间(Hakan Berg,1996)。尽管从短期来看密集型网箱养殖是唯一的经济上可行的养殖方法,但是若从生态和社会层面进行考虑,半密集型池塘养殖或其他的低资本密集型养殖方法将是更具竞争力的选择。文章主要从生态层面进行分析,发现水产养殖业的生存发展离不开自然资本的支持,在决定如何发展水产养殖业前也需要从社会层面进行调查。只有在一个联合的经济、社会和生态框架内,半密集型和密集型水产养殖业的合理组合才能让卡里巴湖获得持续的成功。

T H Stevens 等人运用意愿调查和联合分析估计非市场化的私人林场地主对生态系统管理的支付意愿,研究结果发现当联合分析和意愿调查的问题相同,仅是评级和定价形式不同时,他们的支付意愿估值相差很大。这是因为大多数联合分析模型把对评估问题的回答"也许"当成回答"是"计算。其研究得出的结论是联合分析模型估算出的支付意愿往往偏高。Jouni Korhonen 通过芬兰林业产业和能源工业两个例子阐述区域工业生态系统方法,当地的林业产业系统是以林业公司、锯材厂、纸浆厂和林业产业发电厂间的可再生资源、废弃材料和能量利用为基础的。电力生产中的废弃能量被用于热力生产和加工蒸汽。芬兰局部地区的城市能量供应系统在很大程度上也是利用发电厂的废弃能量。文章讨论了产业系统和城市能量供应系统联合的可能性及其在芬兰成功的条件(Jouni Korhonen,2001)。

Niutanen 和 Korhonen 研究了如何利用副产品和废弃物使芬兰的农业和食品工业的物质流和能量流实现循环传输。同时利用和处理食品产品生命周期各主要步骤产生的废物流,把废物当成燃料和有价值的资源,为生命周期的各过程生产能量和肥料。文章也讨论了在实践中实现这一愿景会遇到的困难(Niutanen、Korhonen,2003)。研究所需数据采自国家、区域、地方3个层面,研究方法论包含了对不同情境下循环传输模型和生产量模型的环境、经济和社会变量的考察。Jouni Korhonen 和 Juha - Pekka Snakin 运用工业生态系统方法检验了芬兰一个森林工业园区的演化过程,循化传输和多样性是工业生态演化的两个重要特征,循化传输是指表示废物利用和可再生资源的持续利用的物质流和能量流,而多样性指组织这些物质流和能量流的行动者和企业，文章发现两者的关系是：多样性增强循化传输（Jouni Korhonen、Juha‐Pekka Snakin，2005）。从理论和定性的角度上说，多样性和循化传输对工业生态系统的可持续发展十分重要，但他们的研究并未能对此证实，仅给出了一些初始的定量数据。因此，我们不能确定循环传输或多样性是否真的能增强可持续性，以及在怎样的系统边界内起作用。

Feng 运用生态足迹分析可持续产量和物化资源，利用台湾政府根据 8 年实地调研于 1991 年制定的产量潜力评价系统，估计两种情境下 1996 年满足台湾地区可持续产量所需的稻田面积。一种情境考虑满足台湾居民直接和间接大米消费量的稻田面积；另一种情境探索当谷物提供的食物能量仅来源于大米且大米不能进口时，所需的额外的稻田面积。情境分析的结果阐明了保护台湾现存的稻田面积对确保食品的长期稳定供应的重要意义（Feng，2005）。Ellis B Cowling 和 Cari S Furiness 通过应用产业生态学和可持续发展的相关原则，分析了畜牧业和木材工业实现双赢联盟的潜力。全球许多地区的商用森林氮和磷不足，而这些营养不足的森林通常靠近大型的动物饲料生产、肉类加工和其他食品、纺织品或者其他生物质处理工厂，以及城市垃圾处理设施。这些设备会产生大量的剩余氮、磷和有机物，现存的营养不足和富余为这些产业实现环境友好、经济可行和社会接受的双赢联盟提供了现成机会（Ellis B Cowling；Cari S Furiness，2005）。面临的主要挑战是找到实用的方法捕获这些剩余营养物，然后将之用于林分，从而生产出增值产品并销售获利。Bright，Stromman 和 Hawkins 对挪威以木材为基础的生物燃料的生产与消费进行了环境评估。新兴技术的出现将很快使挪威的北方森林资源转变为低碳的生物燃料在商业上可行（Bright、Stromman、

Hawkins，2010）。文章评估了全国可用于生物燃料生产的森林资源基地，选择和评价适用于所选工业部门生物燃料生产和消费的生物质转变技术，运用投入产出模型定量分析到 2050 年全球变暖问题减轻和找到替代矿物燃料的可能性。研究发现生产和消费先进的生物燃料分别能累积减少挪威 58 兆吨和 83 兆吨二氧化碳排放。

工业活动对自然生态系统的破坏越来越严重，对自然资源的不断开采利用对环境产生的影响和对环境产生的污染已经引起了全世界的关注。工业生态学在这样的大背景下应运而生，工业生态学和工业生态系统方法这两个概念是生态经济学和环境政策以及企业环境管理领域的新兴概念。与线性的和不可持续的传统工业系统相比较，工业生态系统是指工业系统采用自然生态系统模型，是一种有多种物质和能量流循环利用和逐级传递的系统。它为工业改革提供目标和组织原则，也为工业的领导者、学者们及政府机构提供相关的概念和指导。工业生态学传递出从末端治理（End‐of‐pipe）的控制方法向更加全面的预防的战略和环境友好的工业发展规划转变的信号。

第二节　关于可持续发展的研究

可持续发展的研究大致出现于 1970 年前后，当时正是环境公害事件在西方工业化国家密集爆发的时期，人们对于工业物质尤其是危险废物的危害开始警觉，开展系统研究是自然的事情。对于可持续发展的研究，欧洲的发展较早，丹麦、荷兰、法国等都开展过较为系统的研究。可持续发展理论的发展过程中，受到了其他一些相关学科的影响，比如环境经济学、生态经济学方面的理论等。

麻省理工大学的梅多斯(Meadows)教授的研究小组最早关注可持续发展研究,在经过两年的研究之后出版了名为《增长的极限》一书,书中预言了以现在的经济增长方式,资源必将过度耗竭而导致人类社会崩溃的悲惨场景(Meadows et al.,1972)。在梅多斯之后,一些学者就工业系统的可持续发展率先展开了研究,他们在工业代谢理论方面的工作取得了较明显的进展。工业代谢最早由 Robert Ayres 提出,是指"The whole integrated collection of physical processes that convert raw materials and energy, plus labour, into finished products and wastes⋯"(从原材料、能源及劳动力到完成的产品和产生的代谢物的整个物理过程的集成过程)。Marina Fischer - Kowalski 写的"On the History of Industrial Metabolism"对于工业代谢的发展历程有详细的介绍。而近10年来,美国 EPA、USGS 和 NSF 都系统支持和开展过一些研究。另外,关于对可持续发展理论的实验方面也有了较大的进展,在20世纪60年代,西方国家对于丹麦卡伦堡工业体系进行了长期的观察,卡伦堡工业共生体系引发关注的重要原因在于废物交换的自发性或自组织性。20世纪70年代初期,卡伦堡已经存在着最初的废物交换行为,80年代初期和90年代又先后两次发生了较为密集的废物交换。然而,据 Suren Erkman 说法,早在1960年代奥地利和日本对于区域工业发展的思考中就提到了可持续发展的思想和概念,认为日本才是较早进行可持续发展实验的地区(Suren Erkman,1982)。同时,福斯特(J Forster)教授和他罗马俱乐部的同事们利用电子计算机技术对客观世界进行模拟之后发现,以现在探明的资源储量和平均经济增速为初始值,人类社会的发展很快就会遭遇增长的极限(J Forster,

1976)。这些研究无不揭示了当下经济发展方式与自然环境压力之间矛盾不可调和的现状,对于可持续发展的研究刻不容缓。

事实上,现代工业社会的发展就是副产物或废物不断得到开发利用的过程,这从钢铁、石化、化工等行业的发展历程略见一斑。也就是说,废物交换是工业经济发展的必要手段,工业共生是工业发展的常态,没有哪家企业是孤立存在的。在绝大多数经济学家眼里,废物并不是一种累赘,而更是一种商机。既然如此,工业共生应是熟视无睹的事情,其所以在近来受到普遍关注的原因在于工业发展的"反弹效应":在环境污染的危害充分暴露之前,历史条件决定了这些废物交换和共生的努力并不会是一种工业整体的自觉行为,零散的努力最终被工业发展规模和速度所掩盖。废物交换或共生的成功与否取决于具体的技术条件、市场需求以及相对规模等因素,由于共生行为的这种范围经济性和规模经济性,企业迫于竞争压力或其他因素开始自觉寻求企业间的废物交换,由此在特定地域内形成了大小不一和种类多样的工业共生体。当人们需要全面审视废物时,这些共生体就成为人们称颂甚至争相效仿的对象。换句话说,工业共生体系由来已久,只是由于人们对于废物视角的变化导致了对工业共生的重新认识。

可持续发展理论希望一个情境——通过人工过程进行干预和改变资源配置的方式,改变现有经济增长的方式。在一般的开放系统中,资源和资金经过一系列的运作最终结果是变成废物垃圾,而可持续发展理论所研究的就是如何把开放系统变成循环的封闭系统,使废物转变为新的资源并加入新一轮的系统运行过程中。

可持续发展的理论假设经济社会系统是生态系统的一个特定种类,经济系统和自然生态系统一样可以被看作是对物质流、能量流和信息流的一种特定的分配。它不是孤立的把产业经济系统(如一个工厂,某一产业,某个国家甚至是全球经济)从自然界中分离出来,而是把它们当作整个系统的一个特殊案例,只不过这一案例是基于资本的环境,而不是自然环境。既然自然系统可以没有浪费,我们也可以把我们的系统依照自然系统一样变得可持续发展。Robert. Frosch 从哲学的角度介绍可持续发展理论,认为可持续发展的精神在于通过类比自然生态系统来达到生产过程中的废弃物排放的最小化,同时通过将废弃的材料和处于生命周期末端的产品作为其他工业的原料输入来使其经济利用效率最大化(Robert Frosch,1992)。生态系统的运作是通过生物体之间的关系网络,在这个网络中生物体之间相互依存并消耗相互之间的废弃物。而类比到工业系统中就是对于产品和废弃物的利用。这些想法的实现需要解决一些问题,比如废弃物及产品和生产过程的设计,从废弃物处理到过程和产品的设计的成本内部化问题等。

  S Erkman 从历史的角度对可持续发展概念的提出和发展进行了回顾。他指出可持续发展这一概念的提出最早是为了了解社会经济系统是如何运行、如何控制及它与生物圈之间的相互作用(S Erkman,1999)。并在了解生态系统的基础上,通过改造经济系统使其与自然生态的功能相兼容。虽然暂时没有对可持续发展的清晰的定义,但是大部分学者已经达成一些共识:第一,可持续发展是对于经济社会的各个组成部分及它们与自然界的关系的系统的全面的整合的观点;第二,它强调人的行为的生物物理的底层,比如说经济系统内部和外部的复杂的物质流类型或能量流类型;第三,它考虑到技术的动态性,即考虑到从不可持续的经济系统转变到可行的生态经济系统中关键技术簇的长期演变(技术轨道的改变)这一关键要素。

在可持续发展的观念之下,一般认为生态系统经历了从线性的系统类型(type Ⅰ)到半循环的系统类型(type Ⅱ)再到循环的系统类型(type Ⅲ)这一发展历程。关于生态系统建立应遵循的原则,接下来我们主要看一下 Jouni Korhonen(2005)的研究。

Jouni Korhonen 在芬兰东部地区 uimaharju 的森林工业园随着时间的演化研究中发现,可以通过确认用来指示废弃物的使用和可再生资源的利用的闭路循环性(Roundput)的物质和能量流的种类来描述生态系统的发展。另外系统随着时间的发展还表现在其多样性(Diversity)方面。Jouni 通过对系统发展的相关动因的分析和系统中环境因素对系统发展影响的计算得出,闭路循环性和多样性会随着时间的推移而不断增加,而多样性也会影响系统的闭路循环性。早在 2001 年 Jouni korhonen 就通过类比自然生态系统的原则提出了可持续发展的 4 项主要原则,分别是闭路循环性(Roundput)、多样性(Diversity)、局部性(Locality)和渐变性(Gradual Change)。一般认为,生态系统总是将重要的营养物质保留在系统内部并从其废弃物中获得好处,它通过食物链的层级利用实现能量的循环利用,而太阳能是其唯一的能量输入。而工业生产系统的运行从地球所存储的化石燃料开始,这种发展看起来似乎是没有增长局限的。但是事实并非如此,随着工业化的发展,人们开始认识到经济增长的局限因素不是人们制造的能力而是自然的能力,不是我们从地下提取石油的能力有限而是石油的存储量有限。传统的工业是一种从原材料到产品到废弃物的线性吞吐量范式。而可持续发展理论的目标之一是解决这种工业社会的物质和能量流的线性吞吐量(Throughput),即资源耗竭和废弃物排放问题,而与传统的线性物质和能量流模型相反的即是物质能量流的闭路循环(Roundput)。我们知道生物的多样性对于生态系统至关重要,生态系统要么通过多样化来优化使用其稀缺资源,要么就要灵活地适应环境的改变。可持续发展理论假设的多样性(Diversity)对于经济系统也很重要,当经济系统中的一个企业脱离了循环再生系统,那么系统可以通过多样化来自我修复,即通过其他企业替代其来完成废弃物的循环再利用。而多样性可以显示一个经济社会系统中不同主体的数量。局部性(Locality)指在生态系统中的主体(企业)都需要去适应当地的环境,系统的主体和其周围的环境有着多种多样的相互依赖关系,生态系统需要尊重其自然的局限因素。一直以来,区域的经济和工业系统能替代当地的一些自然局限因素,比如可以通过进口石油燃料来解决当地的能源限制。而要实现局部性(Locality)则要求当地的工业系统用当地的可再生资源和废弃的物质和能源资源来替代从外部进口资源从而使当地的工业系统适应当地的自然局限因素。这样也能减少运输同时增进当地主体之间的合作。渐变性(Gradual Change)这一隐喻指在不超出资源的可再生率的前提下提高系统对于可再生的资源的依赖而不是对于不可再生的存量资源的依赖。

Jouni Korhonen 设想的世界中,对可再生资源的依赖将随着技术进步等外部条件的变化而减弱,这种依赖性将逐渐过渡到对那些可再生资源的依赖之中。这种观点是对自然环境与经济社会一种"可持续发展"的中间道路的支持,即在不阻碍经济增长的前提下,降低经济增长对自然环境的压力,减少对资源和环境的破坏。

第三节 关于技术创新的研究

"创新是经济变化过程的实质(J A Schumpeter,1912)"。这是典型的熊彼特主义,熊彼特(J A Schumpeter)认为,生产技术的革新(技术创新)和生产方式的变革(组织革新)是促进经济发展的关键性要素,其推动了产业的发展与结构转变,并带来了动态竞争。测度技术创新的效力或者区分技术创新的类别往往是一件很费力的事情,因为我们难以直接地判断某种技术创新给企业或者市场带来的变化程度。因为创新往往是不确定的,创新的发生都是极其复杂的过程,简单分析经济循环与创新频度之间的关系当然是冒失的选择。来自意大利都灵大学的安东内里(Antonelli)教授在产业动态与技术变革的研究方面关注了产业的增长周期,他提出了一个熊彼特式的增长周期,认为产业系统层面的演化可以用纵向与横向之间的相互影响来解释,新技术的调整是一个长期的过程,而且要受到价格波动的强烈影响(Antonelli,2002)。同时他也认定技术创新是一个随机过程——就像大多数学者那样,他认为在产业链的某一点引入新技术会引发连锁反应,并可进一步引诱其他创新发生,企业间信息反馈的结果构成了创新的本质(Antonelli,2002)。

无论如何,技术创新的不确定性无人怀疑,我们不能预见技术创新的发生。技术创新何时发生?在哪里发生?强度多大?这些似乎永远是不可知的问题。但在对这个问题的研究上,众多学者还是倾注了令人敬佩的热情,但由于技术创新的随机性和不可测性,真正意义上的实证研究却难以入手,关于技术创新与经济循环的具体关系的研究在这一方面显得束手束脚。但凭着理性的直觉,学界开始涌现出一股趋势,尝试借助新的工具解决这一问题,电子计算机的出现让大规模的计算成为了可能——可以选取更多的变量来分析其对经济循环路径的影响,其中当然也包括了"技术创新",在这个领域,理查德·纳尔逊(Richard Nelson)和悉尼·温特(Sidney Winter)成为了理论的先行者。

技术创新与经济循环紧密相连,纳尔逊和温特的理论强化了这一观点,他们坚持认为企业的利润和行业的发展来源于成功的创新(Nelson、Winter,1982),并认为这种技术创新会影响企业的选择。纳尔逊和温特关于技术与经济循环之间的观点在其论文的第十章有较为详尽的论述,其核心的观点是:在要素价格对技术创新的影响不大的前提条件下,影响技术创新对市场占有度的关键因素是劳动价格,劳动价格的上涨或回落体现了占绝对领导地位的技术的占领速度(技术领先),这种波动与劳动投入系数有强关联,简而言之,这就是技术创新的动力所在(Nelson、Winter,1982)。与熊彼特不同,熊彼特的创新概念相当宽泛,纳尔逊和温特对于创新的着眼点却凝聚在"技术"层面,纳尔逊和温特的模型有力地将"技术创新"与"经济循环"联系了起来。

但是这两位理性的经济学家的模型同样面临考验,过多的假设条件使得模型运行的过程远离现实,尽管这样可以得出更好的计算结果,但其对实际情况的解释力难以令人满意。在中国,众多纳尔逊和温特的信徒尝试使用纳氏与温氏提出的模型对现实世界进行模拟以期进一步证明模型的有效性,来自南京大学的盛昭瀚教授与蒋德鹏博士在他们2001年出版的《演化经济学》一书中作了3个有趣的实验,分别对经济循环、产业的战略选择以及演化博弈论进行了分析,他们设定了一定的产业准入与退出制度,在一定的时间范围内进行了模拟。在对于技术创新所涉及的关键变量选取上，他们选择了"R&D投入"与"技术竞争度"作为关键变量（并事先确定了参数）来进行模拟，并获取了结果。1995年发表在《管理科学》季刊的由雷贝卡·亨德森与吉姆·克拉克共同撰写的论文《结构性创新：现有产品技术的重组与现有公司的失败》对技术创新类型提出了全新的观点，其认为一种叫做"结构性创新"的创新类型会改变企业的"结构知识"，从而对企业发生巨大的影响。从研究方法上来看，其对技术创新的测度也来源于他们对受试企业技术合作频率的考量。

　　从以上的叙述可以看出，在研究技术创新对经济循环影响的方面，对于技术创新的测度大多集中在企业间技术合作、知识转移以及R&D费用投入的基础之上。这的确是较有效的测量技术创新强度影响的方法，通过该方法采集数据进行实证分析的结果也较好地支持了这种方法。但事实上，技术创新是一个随机过程，其出现有着太多的不确定性，从熊彼特到纳尔逊和温特，大部分研究结论依然只能支持劳动投入系数对经济循环的影响，但不能同时支持劳动投入系数的变化与技术创新存在绝对的关联，因为大多数时候技术创新的动力并不完全来源于劳动价格的波动，依此逻辑，我们也不能完全解释技术创新与经济循环之间的关系。

　　自熊彼特（J A Schumpeter）以来，关于技术创新的文献汗牛充栋，众多学者在此领域投入了巨大的精力。在20世纪六七十年代的经济学方法大讨论之后，以科斯（Coase）为首的制度学派大行其道，关于技术创新的研究一度沉寂，但随着纳尔逊与温特（Nelson、Winter）在1982年出版的专著《经济变迁的演化理论》，提出了"经济演化"的概念（事实上是由凡勃伦在1898年最先提出的），使"技术创新"开始与"制度"得到相同的重视程度，阐明了技术创新对经济演化的重要影响(Nelson、Winter,1982)。纳尔逊和温特在此项工作上花费了巨大的精力,他们的论断务实而理性,他们有一条非常著名的理论,"只要企业的收益为正就可以继续扩张",在这一点上他们与熊彼特观点类似,都认为利润来自"成功的创新",这种创新导致了企业在该产业内部的领先地位,打破了某种均衡状态(非均衡状态)。纳尔逊与温特和熊彼特的观点尽管近似,但也不尽相同,在对于创新的定义上,熊氏的论断"广泛"而"模糊",而纳氏与温氏则更关注于"技术",本书更加倾向于后者的观点,认为作为改变产业内部结构重要要素的"创新"的边界应当局限于技术层面。但他们忽略了对技术创新过程中的关键要素进行确定。

纳氏与温氏另一个著名的观点:"正利润的现有企业按照概率扩大,那其规模缩小的概率为零;反之亦然。"对此观点本书有所怀疑(过于绝对),继续以中国资源型产业为例,在矿储量高、品位适当的矿区,在不考虑国家管控和技术要素的情况下,在初始阶段符合该定义,但在矿储接近枯竭的时候,即使出现了突破性的技术创新(提高生产效率或其他),也难以使企业的利润继续增长(假若企业的产品属性不变的话),企业规模转向偏小的方向难以逆转,所以我们只能说在某一平衡点前该论断有效,当超过这一平衡点后需要另外分析。

我们把目光重新回到创新过程中各个关键要素的问题上来,克莱因与罗森博格(Kline、Rosenberg)认为创新过程必须被视为一个完整系统中的一系列变革,这一完整的系统不仅包括硬件,还应该包括市场环境、生产设备、知识和创新组织的社会关系(Kline、Rosenberg,1986)。克莱因与罗森博格甚至提出了一个"链环连接模型"来具体分析各要素之间的关系,由于篇幅所限,本书在此就不赘述了。克氏与罗氏观点的闪光之处在于其将创新过程中的各要素进行了剥离并逐一分析,以求更为详尽地解释创新过程,并提出了以下结论:在所有阶段的创新和商业化过程之间存在着广泛的反馈环(Kline、Rosenberg,1986)——这无疑是一种演化的观点。

通常认为,经济循环是技术创新的结果,但其中的规律却值得思考。来自意大利的安东内里(Antonelli)尝试从企业个体的角度来分析,他认为:"在市场的环境中,企业主体受到相关的不可逆性和转换成本的约束,这种约束使得主体被限制在一个有限的技术区域之内并阻止投入构成的显著变化,只有能够了解并改善现有特定技能的企业才能局部地引入技术变革"(Antonelli,2002)。

安氏的观点支持了这样一个论断:创新或者新技术的引入(模仿)是产品与要素市场非均衡状态的结果,这种不匹配提高了企业成本,为了抵御这种非均衡的状态,企业发生创新或新技术引入的行为。并且他还认为,产业组织内的企业由于技术领域所限会阻碍创新的出现,即便有能力创新的企业也是进行局部的技术变革而非独自实现突破性的创新,因为创新的引入也需要投入大量的成本,与此相比企业更关注的是如何以较低的代价来适应市场的波动。在这一分析框架下,确定创新导致技术变革过程中的关键要素极为必要,这有助于我们理解创新过程。

现有文献对"技术创新"的支持主要有两个观点:渐进性创新与突破性创新,其一是对现有技术的改进与完善,另一种是引入与现有完全不同的概念。这两种观念长期存在并被大多数学者认同,但对其如何区分却一直存有争论(Moch & Morse,1977;Freeman,1982)。从字面上理解这两种观点,渐进性创新强调的是在现有的生产过程中对已有的技术进行改良,以期最大限度发挥现有技术的潜能,以加强组织在本领域的优势;而突破性创新则是要求运用一系列完全不同的科学原理,开拓全新的市场,为组织带来一系列潜在的利润(Dess & Beard,1984;Dewar & Dutton,1986)。

尽管渐进性创新难以带给大家令人震撼的新成果,但其同样是依托于众多具有独创性的技能及思考,事实上从某种程度上说,对于组织,渐进性创新为组织带来的新收益未必低于突破性创新,因为突破性创新有可能为组织带来意外的困难,尽管其有可能对行业结构进行重组以使组织获得更多机会(Cooper & Schendel,1976;Daft,1982;Rothwell,1986;Tushman & Anderson,1986)。显而易见,渐进性技术创新是以现有的技术作为基础,真正体现渐进性创新优势的是那些大公司,这样的创新难以改变现有市场的结构,因为他们本身在现有技术的运用上就掌有话语权。但突破性创新的出现却是另一回事,因为突破性的创新往往会导致技术断层,或者说之前的"秩序"被改弦更张的话,现有的领先者就会失去优势(Walter W Powell、Kenneth W Koput & Laurel Smith Doerr,1996)。

雷贝卡·亨德森(Rebeca Henderson)与吉姆·克拉克(Kim Clark)的观点非常有趣,他们提出了一种新的创新维度——在渐进性创新与突破性创新之外,也就是"结构性创新"。在他们1995年发表在《管理科学》季刊上的论文《结构性创新:现有产品技术的重组与现有公司的失败》之中提出了"结构性创新"的概念。他们指出传统的二维创新类型具有潜在的误导倾向,结构性的创新会导致企业结构性的知识失效,而这种结构性的知识又植根于企业的组织机构和信息处理过程中,所以这种破坏性难以察觉。但是值得关注的是,这种结构性的创新会挑战企业的适应性,尽管其对企业的破坏程度远不及突破性创新,但是也会部分地改变企业内部的结构(Rebeca Henderson、Kim Clark,1995)。

第三章 技术创新与循环经济的关系分析

第一节 引 言

一、背景

"创新是经济变化过程的实质(J A Schumpeter,1912)"。Schumpeter认为,生产技术的革新(技术创新)和生产方式的变革(组织革新)是促进经济发展的关键性要素,其推动了产业的发展与结构转变,并带来了动态竞争。测度技术创新的效力或者区分技术创新的类别往往是一件很费力的事情,我们难以直接地判断某种技术创新给企业或者市场带来的变化程度。对创新效力测量的困难在于难以选取合适的指标,因为创新往往是不确定的,无论是渐进性的、突破性的还是结构性的(本书稍后会有探讨),创新的发生都是极其复杂的过程,简单分析企业绩效与创新频度之间的关系当然是冒失的选择。但事实上,我们可以把目光放到对创新过程中关键要素上面来,集中探讨这些关键要素对技术创新的影响程度,进而分析其与技术创新类型的关系,以更好地解释产业结构变化(如循环经济模式)的规律。

我们知道,优秀的企业会期望通过技术创新巩固其在现有市场的地位,而处于弱势的企业则会希冀有突破性的创新以改变现有市场的格局。但事实上,没有一个企业或组织能够单独实现某种技术创新以使自身处于更加有利的位置。这一方面是因为现今市场的开放程度超越了历史上任意时期,从前一个企业或组织的研发(R&D)都集中在自身内部,只是在销售方面与外部进行或多或少的合作,而现在则大不相同,从产品的开发到分销都是通过各种外部合作来实现的(Nelson,1990)——这或许是因为我们正处于信息爆炸的时代;另一方面,不能否认的是,处于对风险规避的考虑,也间接导致了这种外部合作的出现,一来企业会更加容易地进入新兴市场并加速技术互补,再者也可以实现企业间的风险共担(Kleinknecht & Reijnen,1992;Hagedoorn,1993;Eisenhardet & Schoonhoven,1996),对于企业来说这是一个"何乐而不为"的选择。

在中国,近20年来,学术界对于"技术创新"的热忱超越了以往任何历史时期,这一方面是由于"科技兴国"战略的驱动,而另一方面,也许是对现有产业状况的不满所致。随着我国经济的高速发展,国家的综合国力得到提高,但同时,人口、资源、环境的承载力却也已逼近极限。在此种情况下,可持续发展的口号被提了出来,越来越多的区域开始讨论本地区可持续发展的可能性以及实现方案。让我们把目光聚焦到资源产业聚集的地区,河南省地处中国的中部地区,矿产资源丰富,此类型的企业密集,形成了不同资源导向的产业集群。传统上认为,资源导向的产业集群地区污染严重,环境治理与经济发展严重不平衡,并且这种情况也已经受到了有关部门的重视。有学者尝试讨论运用"循环经济"的模式来代替传统的资源企业间的行为,通过产业集群内各个企业间的协作来增加废弃物的附加价值,以进一步创收。这种设想看似非常完美,但具体实施起来有一定的难度,试想如何可以说服各个企业重新组织产业结构以适应这种"设想"?企业间信息的"不完全"势必会阻碍这种模式的发展空间,而且可以知道,"循环经济"模式成立的关键在于技术创新的推动,因为没有相关技术的"更新","循环经济"没有可以生根的土壤。我们既然不能准确地预测技术"更新"的方向,又如何依赖于这种"更新"去构筑"循环经济"呢?事实上,本书认为,"循环经济"应当是产业演化的一种特殊状态,其与产业演化有着相同的特征,对循环经济的分析也不能脱离"技术"与"惯例"的分析框架。

通过文献,我们发现现阶段的"创新"已经由之前企业内部扩展到了企业生产、销售、管理的各个环节之中。我们可以测量技术创新对企业绩效的影响,但是,却难以确定创新的方向(现在更加困难了,因为企业间协作强度的增大导致了创新不确定性程度的增强)。这种现状为我们布局"循环经济体系"带来了前所未有的困难,因为我们难以要求企业间恰巧出现废弃物可相互利用的"完美情况"。由此可推,假使一定要构建"循环经济体系",必须首先解释"技术创新"在其中所起的作用,至少要明确导致"循环经济"实现的这种"技术创新"过程中的关键要素与创新的类型,事实上这也正是本书的目的所在。

二、技术创新与循环经济

回到本书的讨论框架中,本书的兴趣点在于"技术创新"究竟如何导致"循环经济"的出现,也许本书难以提出确实的定论,但本书希望可以在此问题上展开讨论。随着对于"技术创新"研究程度的加深,在这一领域人们对"创新"有了更加充分的认识,这得益于众多国外学者对制造业进行的大规模的经验研究。这些研究结论支持了这样的一个观点:小规模的增量创新却能带来很大的效益——创新并不能涉及由激进的研发活动所激起的变革;另外,广泛的交互作用和反馈对创新来说通常是必须的(Bryant

K,1999)。这支持了上文对企业间交互式创新的观点,仅限于企业内部的创新活动不可能持久并且难以撼动产业内部有序而稳定的结构。把目光放到"循环经济"的框架之中,难以想象在此框架下的各个企业能够通过独立研发而使企业间出现废弃物的循环利用——除了信息的交互还应该存在技术创新的交互。

这里涉及到关于"循环经济"这一概念的界定,最初提出这个概念的可能是肯尼斯·波尔丁(Kenneth E Boulding)提出的"宇宙飞船经济"(Spaceship Economy)理论(Kenneth E Boulding, 1966),但事实上最先明确提出循环经济(Circular Economy)一词的却是英国环境经济学家戴维·皮尔斯(David Pierce)。这里主要讨论肯尼斯·波尔丁(Kenneth E Boulding)在1966年的那篇论文《即将到来的宇宙飞船经济学》,其主要观点在于:人类如想获得永续发展就必须重新定位,并在观念上变化。波氏设想地球是一艘孤立的宇宙飞船,所有资源都是有限的,物质使用权限必须是在某时间段内可循环使用的,对经济的衡量不取决于传统尺度,而是资源的存量及质量(Kenneth E Boulding,1966)。波氏的观点在当时极具创新性,但是问题是波氏也未寻找出真正的解决方案,并不能清晰地解释经济循环所需的内部和外部条件。在其论文的结论部分,他指出把价格机制以某种方式引入到外部经济问题中,采用以市场为基础的激励手段,能够在一定程度上解决他提出的上述问题,但如此便会陷入市场决定论的局限之中,并贬低了技术创新带来的实际效果。

1990年,戴维·皮尔斯(David Pearce)和凯利·图纳(Kerry Tuner)在《自然资源与环境经济学》一书中提出了循环经济的目的是建立可持续发展的资源管理规则,使经济系统成为生态系统的组成部分。其核心观点在于两个资源管理的原则:一是可再生资源的开采速率不大于其可再生速率,二是排放到环境中的废物量要小于或等于环境的同化能力(David Pearce、Kerry Tuner,1990)。

相比于波氏,皮尔斯和图纳更为笼统地提出了他们对"循环经济"的看法,总结了循环经济的原则,而忽略了对其运行过程的讨论。技术创新与循环经济之间关系的探讨在他们的书中并没有太多着墨,创新类型与循环经济之间的关系,依然留有研究的余地。

第二节 基于专家系统的评价

本书在研究设计上存在困难,主要因为"技术创新"的不确定性,以及其难以测量的特质。一方面来说,技术创新是看得见摸得着的事物,我们甚至可以记录其出现的次数(难度势必不小),但是面对其强度的测量便一筹莫展了,技术创新强度测量的局限性导致了我们不可能仅通过创新次数与企业绩效的关系便可以解释创新过程中各种复杂的关系;另一方面,关于创新过程关键要素的研究,已有文献的支持强度较弱,无形中为研究的开展增加了难度。

一、框架

本书旨在探讨何种创新类型对循环经济的实现存在支撑作用。不同的创新类型对企业内部和企业间的结构影响程度不同——这是我们已知的,3 种创新的维度只是其创新的程度不同,渐进性创新会使企业拥有长效的竞争力;而突破性的创新则会使企业面临完全的改弦更张,面临全新的压力,但也有极大的机会占领市场；结构性创新会使现有的结构知识失效，机遇与挑战并存（Rebeca Henderson、Kim Clark,1995）。事实上，不同维度的创新只是在其组织能力上有差异，因为组织能力的创造是困难的，调整其的代价也是极其昂贵的（Nelson、Winter,1982）。所以，有理由认为不可能所有维度的创新行为都会对循环经济的实现起支撑作用，应当以创新过程关键要素为衡量标准对其进行分析选择，再进一步讨论其适用性。

本书的研究思路如下：先确定技术创新与循环经济之间相互影响的关键要素，再用其作为衡量指标，对不同维度创新对循环经济的支持进行分析，在进一步探讨的基础上，得出结论。

二、关键要素

本书在对关键要素的确定上，拟采用决策试验与评价实验室（Decision Making Trial & Evaluation Laboratory,DEMATEL）分析方法，是1971年Bottelle研究所为了解决现实世界中复杂、困难的问题而提出的方法论。冯特拉（Fontela）在1976年的文献中提出，DEMATEL方法已经发展为一种分析复杂性问题的有效方法，该方法是一种运用图论与矩阵工具进行系统要素分析的方法，通过分析系统中各要素之间的逻辑关系与直接影响关系，可以判断要素之间关系的有无及评价其强弱（Fontela,1976）。

本研究访谈了14位包含循环经济、产业演化、技术创新等专业领域的专家，选取的每位专家在相关领域都有具有说服力的成果，对研究结论的推导有较好的支持效果。选取的技术创新对循环经济影响的关键要素集合为：社会关系（f1）,生产方法（f2）,产品功能（f3）,知识（f4）,企业硬件（f5）,生产设备（f6）,原材料（f7）,技术投入（f8）,市场环境（f9）,地理位置（f10）和信息渠道（f11）。

三、自然语言模糊定值

自然语言是人类对价值传达的有力工具,但其也具有局限性——描述多为定性的,而定量的甚少,精确度缺乏。我们常常听到某人赞美一个年轻的姑娘:"她真美。"却很少听见说:"她达到了 94% 的美。"——这是语言的天然属性,没有必要为此而担忧。

但是科学研究需要的是可重验的结论,论证的可操作性受到问题量化程度的影响。在此,本书决定对语言变量赋值,使其量化,具体运用的是三角模糊数的方法,此种方法已有相关文献支持(黄景文,2008)。三角模糊数由下式定义:

$$\mu_{\widetilde{N}}(x) = \begin{cases} 0, x \notin [l, u] \\ \dfrac{x-l}{m-l}, l \leqslant x \leqslant m \\ \dfrac{u-x}{u-m}, m \leqslant x \leqslant u \end{cases} \quad (3-1)$$

三角模糊数 $\widetilde{N}$ 用三元组 (l, m, u) 定义,其中 $0 \leqslant l \leqslant m \leqslant u$,当且仅当 $l=m=u$ 时,$\widetilde{N}$ 是一个白化的实数 l。

本研究采取的量表形式为 Likert 五点量表,用三角模糊数来表示各取值如表 3-1 所示。

表 3-1 语言变量三角模糊数取值

影响级别	语言变量	三角模糊数
5	很重要	(0.75, 1, 1)
4	重要	(0.5, 0.75, 1)
3	一般	(0.25, 0.5, 0.75)
2	不重要	(0, 0.25, 0.5)
1	很不重要	(0, 0, 0.25)

四、评判矩阵

14 位专家在互不知情的情况下以语言变量表示的关系矩阵 D 进行模糊评价,获得原始的 14 个模糊矩阵中的每个元素用三角模糊数 $\tilde{d}_{ij}^{(p)} = (l_{ij}^{(p)}, m_{ij}^{(p)}, u_{ij}^{(p)})$ 表示,原始评判矩阵表示如下:

$$\tilde{D}^{(p)} = \begin{bmatrix} 0 & \cdots & \tilde{d}_{1n}^{(p)} \\ \vdots & \ddots & \vdots \\ \tilde{d}_{n1}^{(p)} & \cdots & 0 \end{bmatrix}, p \in [1 \cdots 14] \quad (3-2)$$

接下来综合所有的模糊矩阵 $\tilde{D}^{(p)}$,$p \in [1 \cdots 14]$,进一步获取白化的直接关系矩阵 $F_d = (F_{ij})_{m \times n}$,其中 m 代表专家个数。

关于群决策矩阵中的模糊数白化处理方法,有足够的相关文献支持,Yager 和 Opricovic 在这方面做了大量的工作。本书采用的是 Opricovic 的 CFCS 方法确定直接关系矩阵 $F_d = (F_{ij})_{m \times n}$,其中 $F_{ij} = \frac{1}{m} \sum_{p=1}^{m} d_{ij}^{(p)}$(Opricovic, 2003)[①]。

取 F_d 每行之和的最大值 λ,用 F_d 每个元素除以 λ,将 $F_d = (F_{ij})_{m \times n}$ 正规化为矩阵 X,并根据 X 求组合影响矩阵 T。

$$T = X(1-X)^{-1} \quad (3-3)$$

五、影响度、被影响度、中心度、原因度

在 DEMATEL 方法中,各行之和表明各行对应要素对所有其他要素的综合影响值,称为影响度。各列之和表明各列对应要

---

① 因篇幅的关系,该公式的推导本书没有列出,详请参阅 Opricovic S. Tzeng G. H. Defuzzification within a Multicriteria Decision Model[J]. International journal of Uncertainty, fuzziness and Knowledge based Systerm. 2003, 11(5): 635—652.

素对所有其他要素的综合影响值,称为被影响度。要素的中心度表示该要素在评价指标体系中的位置及其所起作用大小,要素的原因度需要分两种情况来分析,如果 $R_j>0$,表示该要素对其他要素影响大,称为原因要素;如果 $R_j<0$,表示该要素受其他要素影响大,称为结果要素。

由综合影响矩阵来计算影响度 D_i、被影响度 R_j、中心度(D_i+R_j)和原因度(D_i-R_j),并通过这些值来计算各要素对创新过程的影响程度,进而得出要素集合的因果分类和重要程度排序。影响度 D_i、被影响度 R_i 的计算方法如下:

$$D_i = \sum_{j=1}^{n} t_{i,j}, \ i \in [1 \cdots n] \qquad (3-4)$$

$$R_j = \sum_{i=1}^{n} t_{i,j}, \ j \in [1 \cdots n] \qquad (3-5)$$

本质上,上述过程就是专家运用其自身的知识、技能、经验等隐性知识,通过对技术创新过程的思考、判断来给定要素集合,以给各个要素相互之间的影响关系定性、定值,进而获得各要素之间的直接关系矩阵。并以此为依据,寻求各要素之间的因果关联和重要程度排序,得出评价结果,是一种定性与定量混合的研究方法。

第三节 结果及讨论

一、计算结果

通过上文的计算,我们可以比较容易地得到影响度、被影响度的值,并可以通过它们获取各个要素之间的相互关系,以及对整个系统的影响程度。另外,中心度的获取有利于我们了解各个要素在技术创新过程中的重要程度,而原因度可以帮助我们确定各要素在技术创新过程中的位置。这些初步的结论可以使我们更加清晰地了解技术创新过程中各要素的关键程度,有助于我们进一步探讨不同维度创新在技术创新过程中的特征,这对探寻与循环经济相适应的创新活动类型有所裨益。

接下来,我们令 14 位专家运用表 3-1 中对应的三角模糊数来对表 3-2 的评判进行模糊定值,形成 10 个模糊矩阵,再通过白化处理,直接关系矩阵如表 3-2 所示。

表 3-2 技术创新过程关键要素直接影响矩阵

序号	1	2	3	4	5	6	7	8	9	10	11
1	0	0	0	0	1	0	0	0	0	0	0
2	0	0	1	1	0	1	0	1	0	0	0
3	0	0	0	0	0	1	1	1	1	0	1
4	0	0	0	0	0	1	1	1	1	0	1
5	0	0	0	0	0	0	0	1	0	0	1
6	0	0	0	0	0	0	1	1	0	0	0
7	0	0	0	0	0	0	0	0	1	0	1
8	0	0	0	0	0	0	0	0	1	1	1
9	0	0	0	0	0	0	0	0	0	0	0
10	0	0	0	0	0	0	0	0	0	0	1
11	0	0	0	0	0	0	0	0	0	0	0

进而通过式(3-4)与式(3-5)求出各要素之间的影响度 D_i、被影响度 R_j、中心度(D_i+R_j)和原因度(D_i-R_j),结果如表 3-3 所示。

表 3-3 技术创新过程关键要素综合矩阵及计算结果

序号	1	2	3	4	5	6	7	8	9	10	11	行和	中心度	原因度
1	0	0	0	0	0.2	0	0	0.04	0.008	0.008	0.051 2	0.307 2	0.307 2	0.307 2
2	0	0	0.2	0.2	0	0.28	0.136	0.336	0.174 4	0.067 2	0.222 7	1.616 3	1.616 3	1.616 3
3	0	0	0	0	0	0.2	0.24	0.24	0.296	0.048	0.364 8	1.388 8	1.588 8	1.188 8
4	0	0	0	0	0	0.2	0.24	0.24	0.296	0.048	0.364 8	1.388 8	1.588 8	1.188 8
5	0	0	0	0	0	0	0	0.2	0.04	0.04	0.256	0.536	0.736	0.336
6	0	0	0	0	0	0	0.2	0.2	0.08	0.04	0.104	0.624	1.304	−0.056
7	0	0	0	0	0	0	0	0	0.2	0	0.24	0.44	1.256	−0.376
8	0	0	0	0	0	0	0	0.2	0.2	0.28	0.68	1.936	−0.576	
9	0	0	0	0	0	0	0	0	0	0.2	0.2	1.494 4	−1.094 4	
10	0	0	0	0	0	0	0	0	0	0.2	0.2	0.651 2	−0.251 2	
11	0	0	0	0	0	0	0	0	0	0	0	2.283 5	−2.283 5	
列和	0	0	0.2	0.2	0.2	0.68	0.816	1.256	1.294 4	0.451 2	2.283 5			

二、进一步讨论

从计算结果我们可以直观地得到如下结果:技术投入(f2)、企业间合作(f3)、知识(f4)、生产设备(f6)、原材料(f7)、外部环境(f8)、市场环境(f9)、信息渠道(f11)8个要素中心度较大;在上述中心度较大的要素中,原因度 $R_i > 0$ 的要素仅有技术投入(f2)、企业间合作(f3)、知识(f4)3个。

从以上结论可以推得,生产方法、产品功能以及知识3个要素在技术创新对循环经济的影响过程中的关键程度远远大于其余8个,换言之,我们可以运用以上3个要素来分析不同维度的创新行为与循环经济之间的适应程度问题。在前文中已经阐述了本书的观点,循环经济应该是一种产业演化的特殊状态,技创新对其的影响已经无须赘述,重要的是分析创新类别对其的影响。接下来我们分别进行讨论。

(一)渐进性创新

顾名思义,渐进性创新的特点应当是层级推进、渐进式的创新过程。在此过程中,企业面临的困难最小,企业有足够的时间来适应创新带来的新挑战。但渐进性创新也有其问题所在,本书接下来以中国资源型产业为例来阐述观点。

通过前文对创新过程的关键要素分析,我们已知关键要素包含有3个:技术投入、企业间合作和知识。渐进性创新不会出现全新的技术格局,其对产业演化的推动作用较慢,但是同样不能忽视。例如生产工艺流程的改进,大多是渐进性创新的结果,但我们不能否定流程的改进不是技术创新。但其对"循环经济"支撑作用却不明显,循环经济的目的是将废弃物循环利用,以留存资源的数量和质量来对其进行评价。我们难以想象生产方法与产品功能的缓慢改进可以帮助废弃物循环利用,创造新的经济价值。我们相信技术创新是让经济开始循环的必然途径,但是渐进性创新真的可以做到这一点吗?我们把目光仍然聚焦在中国资源型产业的身上,资源型产业的产品具有特殊性,其生产方法的渐进更新也仅能提高其劳动生产率,而难以改变企业或企业间本身的结构。经济循环依赖的是技术更新带来的产业结构变化——出现了新的经济增长点或者新企业诞生(给予新的废弃物处理方法),这一点显然是渐进性创新力不从心的。

(二)突破性创新

毫无疑问,突破性创新绝对会完全摧毁任一与其关联的产业结构。突破性创新带来的是全新的产品、全新的市场模式以及全新的企业间关系。可以认为企业也许并不一定愿意承受突破性创新所带来的冲击——过高的转换成本令企业难以接受,但是如果不跟进的话就必然被市场所淘汰。安东内里(Antonelli)是严谨的演化经济学家,他的观点引人注目。他认为企业作为主体,其行为受到相关的不可逆性和转换成本的约束(Antonelli,2002)。企业受到的技术局限导致技术创新必须是"有远见,且有担当"的企业才可以实现。关于"转换成本"的约束是企业往往不愿意接受突破性创新带来的后果的重要原因。

突破性创新很容易被识别,因为企业必须时时关注它,突破性创新在创新过程中不允许企业有试错的机会,因为现有结构的效力已经失去。从创新过程的3个关键要素来看,突破性创新必定改变了产品结构和生产方式,而原有的知识也失去了作用,换言之,整个产业结构被重新洗牌了。这听起来很令人兴奋,但这绝不是实现经济循环所需要的,循环经济更倾向于对现有产业结构和生产方式,以及一部分产品功能的改进,而不是重构,因为这样很可能要支付过高的转换资本以及新惯例形成初期飞涨的交易费用。

(三) 结构性创新

雷贝卡·亨德森(Rebeca Henderson)与吉姆·克拉克(Kim Clark)在对照相机平版印刷校正器跟踪研究的基础上,发现一个重要的结论:"几乎在每次技术进步中,企业投巨资研究下一代产品都是不成功的,可以推断,如果企业依赖于前代产品的结构性知识的话,就会忽略新技术的关键之处而导致失败。"(Rebeca Henderson、Kim Clark,1995)

以上的观点很重要,其完全揭示了结构性创新的特征——其破坏了结构知识与组件知识的有效性(Rebeca Henderson、Kim Clark,1995)。在这里我们举例来说明结构性创新带来了什么,我曾经去中国河南省的登封市进行过一段时间的调查,因为那里有一些资源型企业正在积极地参与到循环经济的建设中。资源型企业是具有其特殊性的，其产品主要功能较单一，但是事实上其产业链还是较丰富的。这里取一个煤炭公司的例子，煤炭行业已经相对稳定，其行业内部的竞争已经不再是技术层面的竞争，因为其产业技术含量并不高。但事实上，煤炭企业是最关注循环经济的企业群体，它们一直希望能够在产品结构、生产方式或衍生产品上有所突破。这听起来似乎有些矛盾，在生产技术早已不是竞争核心的产业，却有着巨大的技术创新需求。这事实上很好解释，煤炭产业内部组件知识稳定，现有的生产技术已经可以满足企业劳动生产率的要求，目前的生产技术是"统治性"技术，不存在挑战。煤炭企业的产煤量相对稳定，生产技术革新的需求并不强烈。但是由于煤炭企业污染排放量大，主要产品附加价值偏低却激发了他们对技术创新的需求。我们基本可以认为这种创新是结构式的，因为相关的科学概念与工程知识并没有改变，但是其相关产业链结构却因这种创新发生了改变。我们继续举例说明，煤矸石是一种在采矿过程中出现的废弃材料，传统的解决方式是丢弃，这既污染了环境，又带来了资源的浪费——如果经济评价以资源的数量与质量作为标准的话。但随着一种新技术的出现，状况发生了改变，矸石可以分热值进行烧砖或发电，废弃物得到了循环利用，这是符合循环经济的原则的，而且在现实中，不少煤炭企业已经采用了这种方法来增加经济增长点，已被事实证明是有效的。这种创新并没有真正地改变其产品固有的功能等组件知识，而是通过对其产品固有结构的部分改变来实现技术创新，我们可以认为这正是结构性的创新——我们一直都知道矸石内存在可利用的热值，但是这种新技术的运用在中国资源型产业中，也是最近几年才开始的。

接下来，我们具体谈一下"知识"这个影响技术创新过程的关键要素，知识的积累已经带来了真实的变化，无论是在结构性创新还是突破性创新之中。知识的积累对于突破性创新的影响是暴风骤雨式的，传统结构知识和组件知识的积累在突破性创新里带来的是对自身无情的否定，这种变化是翻天覆地式的。在其初期阶段，在"试验性"知识未成为"统治性"知识之前，结构知识是不稳定的，交易费用与转换成本较高的企业绝不是循环经济滋生的土壤，因为在这个过程中资源的消耗不可避免——这明显有悖于循环经济的原则。而在结构性创新的过程中也存在风险，旧的结构知识还被企业所依赖——企业甚至没有发现结构性创新的到来，这常常是危险的，通常会导致创新失败。当企业认识到了结构性创新的实质后，它自然会调整结构知识以符合新状态，但必须在旧的结构知识的基础之上。

我们再回到关于"循环经济"与"结构性创新"的讨论上来，新技术的出现成功延伸了产品附加功能，企业为适应新的结构知识而更新已有的知识，这种主动适应必然带来产业内部结构的调整，或许有新的企业进入，也或许企业会启动自发的调整。但无论如何，结构知识的变更是确定的，企业一定会尽量地节约转换成本与新旧"惯例"更迭期内的交易费用，以达到其利润增长的目的，事实上增加新经济增长点也会实现利润的增长，这一定是企业所乐于看到的。由此可推，产业结构的变化是由结构知识的更新导致的，结构性创新伴随着结构知识的更新，这种知识的更新是以转换成本的降低和交易费用的节省为局限条件。就像矸石的利用不会导致企业的完全转型，而是会增加企业经济增长点，尽量多地挖掘现有产品的附加值，而新知识的引入也会使更多的新企业进入，重新匹配产业结构内部的结构知识。

第四节 本章小结

本章通过对技术创新过程的研究,确定了创新过程中的关键要素,并在此基础上,运用确定的关键要素来分析不同维度的创新对"循环经济"的支持。研究的主要结论如下:

(1)技术创新对循环经济影响的关键要素有三,具体是"技术投入"、"合作频度"和"知识转移",其在技术创新对循环经济的影响中存在关键的意义。

(2)结构性创新会导致经济形态的转变,是支持"循环经济"原则的创新维度。

技术创新过程这个概念具有重要的意义,因为我们难以测度技术创新的效力,但是我们可以通过对创新过程的观察,发现其关键的影响要素,通过对要素进行分析,有助于我们了解技术创新的实质。本研究始终对"循环经济"与"创新维度"之间的关系怀有兴趣,但是对以上两者进行分析,本研究认为应当从界定创新过程的要素入手,唯有如此,才可剥离"技术创新"与"循环经济"之间复杂而又模糊的内在规律,这是本研究一贯的观点。

本书并没有使用观测的方法,是因为创新过程的关键要素难以在实际生活中准确观测到,缺乏量化的依据。而在"循环经济"与"创新维度"之间关系的研究上在未来应当进一步扩展,运用更加科学的手段对其进行更深层次的分析。结构性创新对于"循环经济"运行具有重要的意义,因为结构性创新可以让企业在较低的转换成本与交易费用的代价下实现利润增长,虽然本研究依然缺乏历史数据的实证,但可以为本研究的整体思路提供一个基本的"假定",这也正是本章在全文中的意义所在。

第四章　企业合作与循环经济的关系分析

本章的目的在于从第三章得出的结论出发,通过对企业合作行为的模拟,进一步分析结构性创新与循环经济之间的关系。

第一节　引　言

循环经济可以出现在一个企业的内部,也同时可以存在于一个产业群落之中,并没有特殊边界的限制。循环经济的目的在于实现资源的永续利用,这可以被理解为提高资源利用的有效性,诸如减少对资源的依赖,或者提高废弃物的利用空间。在一个企业内部实现资源的循环利用或者说在一个区域内实现都是可行的,其关键在于如何将已有的企业或组织联合在一起。单纯依靠企业自身在内部实现循环经济的设想并不是不可实现的,但是这会对企业提出更高的要求,有可能使企业耗费过多的精力在自己不熟悉的产业之上,同时还牵涉诸如技术转移、销售渠道的建立等一系列问题。传统的经济学认为,规模报酬递增伴随着专业化程度的提高,而企业在自身内部实现循环经济重要的阻碍正源于同时涉及多个行业而导致的低专业化水平,这不符合劳动分工理论的基本思想。有学者强调循环经济可以从多个层面进行布局,例如微观的企业层面,中观的产业层面和宏观的区域层面。但这种论断缺乏现实上的考量,因为作为一种对新型经济形态的试验,本身就不可能从多个层面同时获得有效的反馈。本章的主要目的在于探讨这种关于循环经济的设想如何实现,究竟在哪一个层面会有更好的效果体现。

从逻辑上看,企业层面的循环经济有悖于传统经济学理论中的劳动分工的思想,姑且不论这种判断是否有足够的依据支撑,重要的是企业在涉足多个新行业时所必须支付的技术转移成本如何有效地消化?新行业的平均利润率与其主产业的利润率相比,是否可以让企业乐于为这种利润率付出相应的技术成本、销售成本和组织成本,这才是问题的关键所在。企业所处的环境(内部的和外部的)具有明显的差异性,不同行业之间其进入成本的高低差别也非常大,如果某企业内部可以形成行之有效的循环经济模式,事实上它向别的企业移植的难度也相当大,可参照的意义不强。从这个角度来看,讨论企业内部的循环经济模式不能说没有效率,但是至少意义不大。一般来说,区域层面的可持续发展是可以被若干变量所控制的,这就表明了一个观点,区域内部的自我调节机制会对区域产业社会发展起作用。这暗示了循环经济在区域实现的一种可能性,单一区域内的各个企业其信息共享的难度要大于同一产业内部不同区域的企业,从波特(Ronald Burt)的结构洞(Structure Hole)理论出发,这种信息在位的对等程度直接会影响到企业之间的合作状态(R Burt,1994)。如果上一段的推论正确,那么企业内部自发出现循环经济的可能性很低,那么这种循环经济的需求应当出现在同一区域范围内的企业之间的可能性远大于不同区域间的同一产业内部的企业合作。如同我们很难设想大庆油田与中海油南海基地组织一个循环经济系统一样,物流成本的高低在循环经济形成的过程中具有决定性的作用。

上述的分析暗含一种社会网络的思想,认为企业间的合作依赖于已形成了的企业间网络。诚然,企业不可能独立存在于社会之中,企业进行的一系列行为都是立足于企业网络之中的信息交换的结果。这种信息交换会同时存在正负反馈两种情况,而企业对这种情况进行判断分析之后才会考虑作出下一步的考虑。若循环经济是某一区域企业间的一种共识,企业之间自然会因为这样的理由提高信息交流的程度以降低技术壁垒带来的反面因素,因为每个企业都会为了降低交易费用而作出对自己足够有力的选择。一种废弃物如果可以至少是部分地代替某企业传统的原材料的话,合作的企业之间会自发地出现一种可调节的定价机制来实现资源的转移,而这种转移完全可以通过某种企业间的非正式"惯例"的渠道完成,这对网络中的企业是一种何乐而不为的选择。

但是在现实世界中,如果不是出于对政策因素或者是企业形象的考虑,在现阶段生产力的水平下,这种合作事实难以形成,因为除非企业企图在与政府进行的排污权交易中占据有力的位置,否则很难相信企业会凭借"企业的良知"而自发形成循环经济的局面。我们不能给企业强加过多的"社会责任",因为过度的"社会责任"会导致企业压力增大而丧失在本产业内的竞争力。这就又回到了本书开始的假设之上,如果缺乏技术创新的支持,这种全新的经济形态在企业网络的内部没有土壤。本章尝试将技术创新作为关键的动力,尝试探讨技术创新所引发的企业间合作行为是否会对企业间循环经济的产生起到推动作用。

自从纳尔逊和温特在1982年出版了著名的《经济变迁的演化过程》以来,学界对传统经济学中"最优化"与"均衡点"的怀疑与日俱增。诚然,传统的经济学中被广泛认可的静态分析、理性预期等理论基石依然具有解释能力,但本研究依然认为"演化"的思想是具有开创意义的,是"突破性"的创新。因为复杂的外部世界难以通过静态的分析来解释,各种曲线所交的均衡点事实上也很难被证明存在,只有通过演化的视角,才能逐渐剥离其复杂的变迁过程,并更为科学地解释过程中的种种规律,不可否认的是,循环经济正是产业演化过程结果的关键象征。

在本章中,着重讨论的是企业间合作的本质,通过对现实世界情况的分析,构建企业间合作的模型。本书的研究对象是循环经济,微观视角落脚在企业层面,具体讨论由技术创新而影响的企业间的行为。由于本书的模型并非建立在对某现实产业群落的分析之上,而是通过对现实世界的分析与经验总结来确定模型中的参数,所以本书首先假设一个由若干间产业功能与形态相近的企业组成的产业群落,并从纳尔逊与温特的研究结论出发,将技术差异作为企业多样性的决定因素。但很明显地,仅从技术差异的角度来解释企业多样性的原因稍显单薄,本书将同时考虑企业的外部环境对企业多样性的影响程度。一般说来,企业的主观行为(包含技术创新)会导致企业的多样性,除显著的技术差异外,企业对技术创新的投资(R&D 费用)、合作方式无疑都会影响企业的行为而最终导致多样性的形成。所以我们可以认为:企业间的技术差异与外部环境的异同会导致企业在产业群落内部位置的差别,但为了简化研究,遵循循环经济的基本出发点,本书仅探讨企业合作与创新投入、企业经济增长和外部自然环境之间的关系。

第二节 企业合作模型的构建

在确定整个企业间行为互动模型框架的方案之前,让我们先来分析一下所应当选取的具体指标。企业间的行为是一个复杂的系统,涉及的要素过多,要是逐一选取,那么构建模型的难度是难以估计的。为了简化运算过程,本书决定选取其中的若干关键要素进行分析,所选取的要素都是从相关的历史文献中确定,已有过相关的成功经验,所以在操作上可以被认为是可行的。

构建模型,首先是要确定模型的基本思路,为了增强模型的解释力,本书需要预设若干假定。本书首先假定若政府依据需求情况而对政策进行相关的调整来影响企业间的行为,进而对资源产业进行宏观调控。通常认为,政府有可能利用下述工具来实现其目的:财政政策与金融杠杆。通过上述手段在销售过程中对企业施加影响。例如,通过对价格的管控而影响企业的成本、利润等方面。但是这种情况一般会在资源型产业群落中发生(煤炭、石油、铁矿等),而很难想象会出现在快速消费品、服务业等行业领域,这是因为能源产品同时具有国家战略物资的属性。国家通过对价格的监控影响企业的生产量及销售量,就会迫使企业在实现利润最大化的过程中,尽量通过其他手段来规避上述制约。一般认为"资源条件"、"环境约束"、"技术创新"3个因素和企业的成本与收益存在关联,并且相互影响。"资源条件"在资源型产业的生产中占有关键的地位,但这是一个真正的"客观条件",难以对其进行控制,价格管控对于"资源条件"这一因素的影响事实上可以认为基本不存在,倒是资源条件在一定程度上会影响目标市场的供给水平,进而影响价格(这与本书无关,暂时先不讨论)。本章拟采取观测资源条件对不同产业影响的波动来判断其对企业间合作频度的影响程度。第二个因素"环境约束",与"资源条件"的情况类似,这里从两个方面分析:产业群落所处的自然环境对产业本身存在约束条件,这也是一个真正的"客观条件",难以控制;另一方面,关于"市场环境"约束的解释,可以通过对市场集中度的调查得来,本章对于环境约束的度量主要来源于对市场集中度的分析。另外,"技术创新"因素是一个波动性极强的变量,"技术创新"会受价格管控手段的影响而波动,因为在价格管控的条件下,企业为了自身利益,一定会加大对"技术创新"的投入,以期在与竞争对手的竞争中占有优势(核心竞争力)。

以上阐述的 3 个变量都会直接影响到企业在企业网络中的位置,本书认为在一种由技术创新引导的企业间合作行为中有可能会导致循环经济的发生,这种情形应当是一种企业在充分考虑的企业网络后自我调节的结果。也可以认为企业作出这种调整是由于企业网络在某种技术条件的影响下发生变化后的被动反应。本书持续强调"技术"这一因素在循环经济形成过程中的重要性,所依据的主要理由就是来源于"科技是第一生产力"这一判断,在生产关系与经济形态的变迁过程中,"技术创新"的作用绝对不可以被忽略。如果认为循环经济是一种全新的经济形态的话,那么其转变的关键原因是一种社会平均技术水准的更新,正如本书第三章对专家进行访谈的结果一样,一种结构性的创新才可以实现整体经济形态的转变。这种结构性的创新不同于以往我们熟知的渐进性与突破性的创新,而是通过创新导致整个组织的结构性知识转变,这种转变不依赖于现有知识的结构,而是对现有知识结构的调整。亨德森(Rebeca Henderson)和克拉克(Kim Clark)已经证明这种结构性的创新往往存在于企业间高频度的合作之中(Rebeca Henderson、Kim Clark,1995),如果这种推论无误,我们可以尝试将这种思路代入循环经济的研究之中。

本章尝试设计一个方案,将结构性创新与循环经济的一些特点连接起来。言简意赅,循环经济的主要目的就是要降低资源的消耗量,并且减轻自然环境的压力,因为这种压力来源于经济增长的需求,所以我们不能忽略企业在这个系统中的作用。在设计最终的方案之前,应当首先对将要模拟的问题作一些限定,以便于模拟的可操作性。本研究首先认为,企业数量的多寡,会直接影响到环境和资源的承载力,简单说就是企业数目越多,资源的消耗量越大,环境压力也越大,自变量"企业数量"与因变量"资源消耗量"、"环境压力"存在正比关系。第二,企业间的合作频度与企业间的知识转移速度正相关,这也较好理解,一个低频度的合作关系中,知识的转移速度不可能有多快。第三,技术投入的高低与"资源消耗量"和"环境压力"成反比,这种假定的前提是企业间的技术增长的目的除了提高劳动生产率之外,还可能减轻自身的资源需求压力并尽可能降低排污治污的成本。以上3点为本章模拟方案框架的出发点,本章的模型将"企业数量"、"合作频度"与"技术投入"作为控制变量对模型进行调节,观察模型在不同的参数设定条件下结果的变化,具体观察的变量为:社会总产值、环境压力、资源储量、废弃物排放量,这些因变量都是与循环经济形态相关的关键因素。

上述假定是从第三章的推论出发。第三章通过专家系统的评价,归纳了技术创新对循环经济影响的3个关键因素,本章模型的构建思路就来源于对这3个关键因素的分析。具体的分析过程分为两个阶段,首先考察企业数量与资源储量之间的关系;进而在上述分析的基础上,对"企业数量"、"合作频度"与"技术投入"3个控制变量进行调节,比较不同调节方案之间的差异,对第三章的推论进行验证。

第三节 结果及讨论

一、关于企业数量与资源储量

本节借助 CAS 理论的思想对上述问题进行分析。CAS 理论全称为复杂自适应系统理论(Complex Adaptive System),其核心思想在于将系统中的每一个具有适应性的主体与外部环境之间的互动关系看为系统演化运动的本质。就循环经济系统而言,可以将企业看作是系统中具有自适应行为的主体,而环境、资源皆看成是外部环境,主体之间和主体与外部环境之间在主体运动规则的限制下演化运动,通过这一系列的运动,有助于我们理解系统内各部分之间的关系,简而言之,CAS 理论构架了一个仅有主体与环境存在的高度抽象的系统,简化了研究设计的复杂程度。根据 CAS 理论的思想,我们首先确定系统内部的行为规则,具体如下。

在本章的第一条假定中,企业的行为直接影响到外部环境的变化。一般说来,在目前的经济形态下,企业要保持经济增长必须建立在对资源的高度依赖的基础之上,可以说,在技术水平没有变化的情况下,企业数量的增长将持续带给自然环境很大的压力。本模型将作为循环经济系统中主体的企业的行为规则描述如下。

规则1:资源消耗的规则。在模型仿真的过程中,主体的行为受到周围环境情况的影响,在每一个仿真步长内,主体自动搜索周围的资源含量,依据资源含量的多少进行下一步行为的判断,每消耗掉一个单位的能源,原来空间内的位置成为空地或者被废弃物占据，如果在两个连续步长的时间内周围没有其他新个体，则会重新出现一个资源单位。

规则 2：主体的繁殖规则。当主体——企业在累计消耗掉 5 个资源单位的同时，并且周围的环境中存在 3 个以上（存在合作的可能）、6 个以下（否则过度拥挤）的相同个体时，则会产生新的个体。

规则 3：主体的消失规则。当某一主体在连续 5 个步长的时间内，周围没有探索到任一资源单位，或者主体周围同时存在 6 个以上（含 6 个）相同个体时，个体则会消失。

本模型的规则是一种接近真实世界中主体的行为规则，当某一区域企业数量过高时，由于资源条件的限制，企业会消失；而某一区域内企业数目过少时，不利于企业之间的合作与知识转移，企业的生存同样存在困难。企业的出现或消失依赖于其合作的频度与资源储量两个变量。模型初始阶段资源较丰富，并且企业数量与空间容积之间的比例合理，设置的环境中资源的比例在 80% 左右，企业的数目约占 10%，余下的是空地，仿真的步长为 100。图 4-1 中红色为主体（企业），绿色为资源，黄色为空地。

由模拟的结果（图 4-1）可以看出，在初期资源储量相对丰富的时期，企业的数目合理，并且离散分布，这说明企业之间的合作频度不高，企业的发展更依赖于对资源的消耗。右边的图是仿真经过 50 个步长之后的情形，主体企业开始聚集并且数量明显增多，资源储量几乎消耗殆尽，说明在这一时期企业的发展几乎完全依赖资源条件的限制。虽然资源几乎消耗殆尽，但企业的聚拢说明了在资源有限的情况下，企业一般会选择通过合作来维持生存，并且持续到有新的主体出现。这种在资源消耗的情况下，企业之间的合作，本研究将其看做是一个地区技术转移的结果。

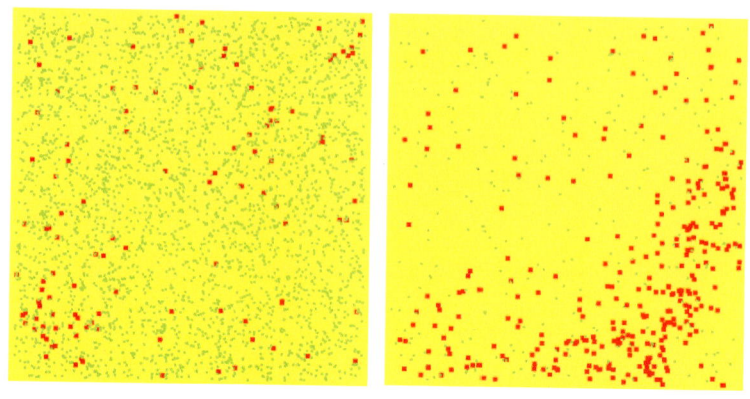

图 4-1 仿真初期和后期情况比较(左边的图为仿真初期)

从图 4-2 中,我们可以看到一个大致的趋势,就是随着企业数目的增加,资源储量总体上是一个下降的趋势,但是也有轻微的波动,并且这种波动呈周期性震荡。与此对应的是,在模拟的过程中,企业的数量也存在轻微波动的现象,并且这种震荡与资源储量的波动有着较明显的关联。从图上可以看出,企业数量保持了一个较缓慢的增长过程,并且伴随着资源储量周期性的下跌,企业数量也会因此产生变动,产生短暂的回落;而在企业数量减少的同时,资源会出现小幅度的再生现象,但总体来说,企业的数量增长而资源的储量是逐渐减少的。模拟的结果较好地解释

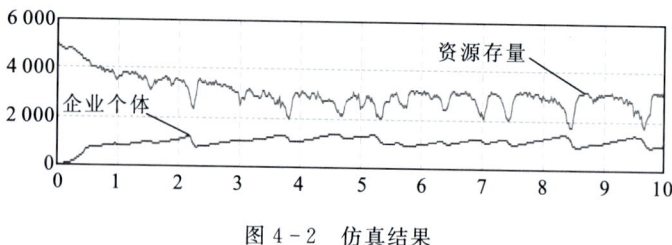

图 4-2 仿真结果

了在现有的经济形态下,企业的生存事实上与资源条件的限制密切相关。

二、不同模拟方案的对比

在上一小节分析的基础上,本节将"企业数量"作为自变量来进行调节,而将"资源储量"作为因变量来观察其变化的规律。除了以上谈及的两个变量,还将"企业合作频度"和"创新投入"作为自变量来对模拟结果加以控制,以观察"资源储量"、"废弃物数量"、"环境压力"和"社会总产值"几个变量的变化趋势。自变量和因变量之间的因果关系回路如图 4-3 所示。

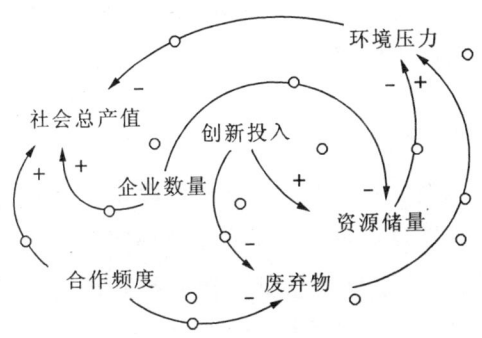

图 4-3 模拟方案因果关系回路

在进行模拟试验之前,应当首先对控制组设定一些规则,而这些规则的产生直接来源于本研究第三章的推论。本节的模拟方案首先假定"企业合作频度"、"企业数量"、"创新投入"会影响企业间进行物质循环的效果,是导致经济形态发生变化的关键影响因素,进而假设其波动会影响循环经济系统的形成;其次,将"废弃物数量"、"资源储量"、"社会总产值"、"环境压力"作为反映循环经济系统效果的观察指标。基于以上假设,模拟方案的具体运行规则描述如下。

规则1:变量"合作频度"直接影响变量"社会总产值"和"废弃物数量"。企业间提高合作的频度有利于企业之间的知识转移,进一步降低信息壁垒可以大幅提高企业的技术效率,会增加企业的产值。同时,新技术的运用也有利于更加高效地对生产排放的废弃物进行再利用。"合作频度"越高,"社会总产值"越高,"废弃物数量"越低。

规则2:变量"创新投入"直接影响变量"资源储量"和"废弃物数量"。企业间除了依靠高频度的合作实现知识转移以提高平均技术水平外,还通过直接对创新活动进行投资以增强企业的竞争力。新技术可以提高资源利用率,并提高企业对废弃物再利用的能力。企业的"创新投入"越高,其"废弃物数量"越低,而资源储量受到的影响会降低。

规则3:变量"资源储量"和"废弃物数量"对"环境压力"有影响。环境压力主要源于日益耗竭的自然资源与过度受污染的自然环境,企业排放的废弃物数量直接会导致环境的污染,而低下的资源利用率则会使自然环境的承载力逼近极限。"资源储量"越少,"环境压力"越高,"废弃物数量"越高,"环境压力"越大。

规则4:变量"环境压力"会影响变量"社会总产值"。自然环境的压力越大,人类为维持生存所需付出的代价就越高,就会影响到社会财富的储量。一般认为,越逼近自然环境承载力的极限,所需付出的治理的成本就越高。因此,随着"环境压力"的增大,"社会总产值"会减少。

规则5:变量"企业数量"对"资源储量"有影响。在现有的经济增长方式下,企业的发展依赖于自然资源的储量。企业数量越多,对自然资源的要求也就越高。变量"企业数量"越多,"资源储量"越少。

模拟方案中,预设的"自然界"的资源储量有120个单位,每种方案都要经过10个步长的模拟,每种方案的区别在于对"企业合作频度"、"企业数量"和"创新投入"3个控制变量的调节。模拟采用 Anylogic Professional 6.1 版本软件,该软件专门应用于对多主体行为的模拟,并且已有相关学者运用此软件对循环经济问题进行过研究,因此被认为是可以模拟的,模拟结果如图4-4～图4-7所示。

模拟方案1:将企业的创新投入调节至低水平,并降低企业的合作频度,设置初始的企业数量为50个。结果如图4-4所示,资源储量在经过10个步长的模拟单位后,由初始的120个单位降至不足20个单位。同时,社会总产值的曲线却是递增的趋势,保持了较强劲的经济增长。但是环境压力和废弃物的数量也处在较高的水平,达到了50个单位的水平,并且两条曲线基本重合,环境压力与废弃物的数量成正比关系。

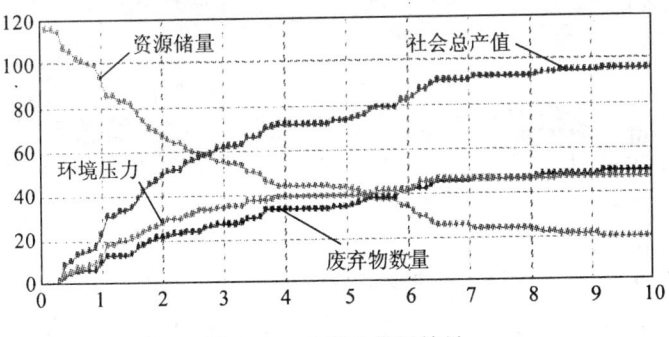

图4-4 方案1模拟结果

模拟方案1是近似目前的经济形态下的增长方式,社会的经济增长较强地依赖于自然资源的储量。在这种增长方式下,资源储量消耗较快,环境压力大,尽管经济保持了较快的增长,但是却是以牺牲环境和自然资源为代价的。

模拟方案2:将企业的创新投入调节至中等水平,保持企业的合作频度不变,设置初始的企业数量为40个。结果如图4-5所示,资源储量在经过10个步长的模拟单位后,由初始的120个单位降至约40个单位。环境压力和废弃物数量和方案1相比,没有明显的变化,但经济增长水平降低了约20个单位。

模拟方案2加强了企业的创新投入,并降低了企业的数量,可以看出,资源的利用率得到了较为显著的提高,与模拟方案1相比,自然资源的消耗速度明显变缓。这个结果符合规则3和规则5的设定。

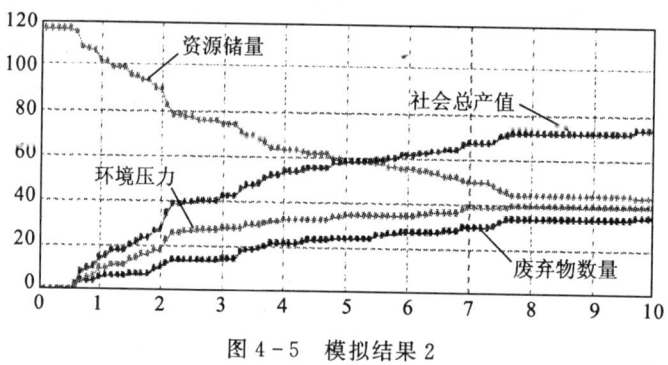

图4-5 模拟结果2

模拟方案3:将企业的创新投入调节至中等水平,调整企业的合作频度为中等水平,设置初始的企业数量为40个。结果如图4-6所示,资源储量在经过10个步长的模拟单位后,由初始的120个单位降至约50个单位,优于方案1和方案2。社会总产值曲线与方案 2 相比没有明显的变化,环境压力与废弃物数量的曲线有小幅度的降低。

在方案 2 的基础上,方案 3 加强了企业的合作频度,结果使得资源的消耗量进一步降低。由此可见,尽管在预设的模型中,企业的合作频度并不直接影响资源的消耗量,但是由于合作频度的提高,降低了废弃物的数量,进而使环境压力的水平降低,间接影响了资源的消耗水平。

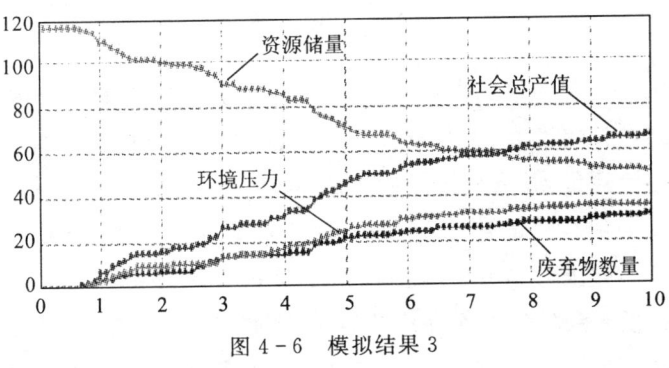

图 4-6　模拟结果 3

模拟方案 4:保持企业的数量不变,将企业的创新投入调节至较高水平,调整企业的合作频度为较高水平。结果如图 4-7 所示,资源储量在经过 10 个步长的模拟单位后,由初始的 120 个单位降至约 60 个单位,是 4 个方案中的最优水平。社会总产值曲线与方案 2 和方案 3 相比波动不明显,环境压力与废弃物数量的曲线依然基本吻合,有较大幅度的降低,大约降至 20 个单位左右。

方案 4 采用了高创新投入和高合作频度的企业行为模式,在这种模式下,环境压力和废弃物数量降到了最低值,并且资源的消耗量也低于其他 3 种方案,最大程度地释放了自然环境的压

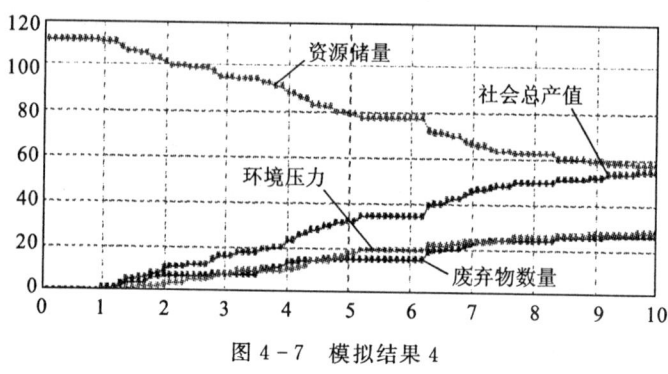

图4-7 模拟结果4

力。从社会总产值的曲线来看,方案2、方案3、方案4都没有方案1的增长幅度大,但是这3个方案都在经济增长的同时降低了资源的消耗量,并有效地控制了废弃物的数量——高频度的合作加快了知识转移的速度,大大扩展了废弃物的再利用空间,持续降低了环境压力。方案4的模拟结果可以被理解为在较高的技术创新投入和较高的企业合作频度下,整个行业可以提高资源和废弃物的利用率,尽管经济增长速度不如那种以牺牲自然环境为代价的增长方式快,但这种方案显示出了一种均衡发展的趋势,一种提高各种资源(包括废弃物)利用率的新发展模式,这正是循环经济的目的所在。

第四节 本章小结

本章运用 CAS(Complex Adaptive System)理论的方法,对第三章的推论进行了模拟分析。分析的结果显示了两条结论。首先,在资源数量稀少时,企业会主动调整固有依赖于资源的增长方式,通过持续的合作来维持生存,企业的行为受外部环境变化的支配；其次，企业的合作频度、技术投入对提高企业的资源和废弃物利用率、降低自然环境压力存在明显的影响。以上结论支持了第三章的推论——高技术投入和高合作频度会提高企业的资源利用率，并保证企业均衡地增长。在下一章，本研究会通过对河南省某企业的案例分析，继续将"企业合作频度"作为控制变量来考察企业技术效率的变化。

第五章 循环经济中企业合作与技术创新的关系分析

第一节 引 言

技术创新作为关键变量存在于经济系统之中,这是由于经济增长除了有赖于资源之外,对资源的使用和配置效率一样敏感,而效率的提升取决于技术创新的能力。传统上认为,考察技术创新对于经济的影响可以通过对技术投入与经济增长率之间的关系的分析来实现。"循环经济"作为未来的新型经济形态,不能回避对技术效率的考虑。循环经济与现有经济形态的差异主要体现在对待资源环境的利用方式上,前者更加侧重于对技术创新能力的需求。

目前,已经有部分企业在循环经济方面开始了一些试探性的工作,开始尝试在集团内部寻找实现资源重复利用的方式,诸如将主产业的废弃物作为新产业的原料等。这是一种有意义的尝试,在目前缺乏相关理论指导的阶段,可以为"循环经济"的研究提供参考案例。本章选取了河南地区进行循环经济试点的某煤炭企业作为对象,尝试通过测算其技术效率来对其进行循环经济试验的水平进行评价。

该企业的主营业务为煤炭开采,实际控制着 5 个煤矿,在进行循环经济的试验之前,业务仅局限在煤矿开采领域,没有其他的经济增长点。在布局循环经济体系之后,该企业在原有煤炭开采业务的基础上新增了水泥厂、矸石电厂、矸石砖厂和洗煤部门，形成了以矿业开采为主的产业多元局面。有效利用采矿的伴生物如矸石等作为其他产业部门的原材料，以在企业内部实现经济循环。煤矿开采所伴随的矸石分为低热值矸石和高热值矸石两种，低热值矸石可以作为空心砖的原料，而高热值的矸石可以混合原煤实现火力发电，都可以在一定程度上实现资源的再利用。除此之外，粉煤灰可以当做水泥厂的原材料，并在水泥厂内部实现余热发电。该企业是在河南地区循环经济试点单位中效果较好的一家，除了囿于国家法律政策规定禁止的煤化工产业外，现阶段技术水平允许的节能减排项目都有实施，并取得了一定的经济效益。

但是在调研的过程中，也发现了一些问题。矸石电厂投资成本较高，若仅为了实现高热值矸石发电而由该企业独自修建新电厂，从经济的角度来看会显得资源配置效率低下，但若与周边电厂合作的话，则会受到区位条件的制约，于是就会出现一个较为尴尬的局面——大量煤矸石堆放在空地上却无人问津。事实上，该企业的循环经济运作体系中，盈利能力较强的是两个项目：水泥厂项目和砖厂项目，其收益要远远大于矸石发电项目。这个现象说明一个问题：在较理想的状态下所构建的循环经济体系中的各个主体的盈利能力是不同的。这主要体现在尽管凭借现有技术可以实现某些循环经济的设想，但是其市场反应却可能存在差异。这其中有很多原因，有可能与企业的专业化程度、市场竞争能力以及外部环境影响（区位条件、政策等）有关。这就表明，在理想技术条件下构建的"循环经济体系"依然存在缺陷。从上文的研究我们获得了一些假设，但这些假设仅基于对"技术创新"和"企业间合作"的考虑，而忽略了其他的一些客观因素，这就有可能阻碍我们进一步对"循环经济"进行认识,不能对存在的问题进行有效的分析。

本章的目的在于对企业在合作过程中的技术效率进行评价,并以此来验证第三章、第四章中的假定。通过考察不同时间阶段中企业的技术效率,判断企业实施的循环经济体系战略方案是否有效。

第二节　方法选择

关于企业技术效率评价方面的研究成果丰富,有从传统的主观概率出发的各种评价方法,如层次分析法等;也有使用非参前沿生产函数的线性规划方法。通过具体分析,本章拟采用后一种方法进行分析,具体选用数据包络分析(Data Envelopment Analysis)的方法。

在最近的40年间,不同的学者发展出了众多对前沿函数的估计方法,最常用的有两种:随机前沿方法和数据包络分析,这两种方法分别使用数学规划方法和经济计量方法。数据包络分析的优点在于不需要进行投入产出函数的预设,前期的数据无需量纲化,而是通过计算决策单元的相对技术效率来评价各个决策单元的效用。本研究认为,企业循环经济的构成包含了企业内部的资源配置和外部的企业间合作,而企业的资源配置又包括了废弃物利用、新技术升级等多个环节。通过第三章、第四章的分析可知,企业实行技术创新活动不能脱离企业间的有效合作,只有在合作的前提下,才能实现"结构性"的创新,以进一步降低对资源的依赖和减轻对环境的压力。

一、投入和产出指标

国外对企业间合作行为进行研究略早于国内,且主要研究集中在供应链方面。1987年,门菲尔特(H Meffert)设计了一个企业环境对策的框架,以探讨在企业利益与环境利益相冲突的情况下企业如何制定策略的问题(H Meffert,1987)。门菲尔特尝试归纳了解决企业与环境冲突的对策,以期达到一种稳态的平衡,他的理论关注了企业经营过程中存在的生态学问题。这事实上就是企业实施环保和资源再配置行为的目的所在——解决企业生产过程中出现的与生态环境之间的矛盾,尽管门菲尔特的理论远非完美。进入20世纪90年代之后,关于企业内部环境和资源配置平衡管理的研究开始逐渐活跃起来,1993年霍普芬贝克(W Hopfenbeck)阐述了他的观点:企业如果期望达到资源配置的平衡,就要求企业建立以生态学为基础的经营政策,这样,即使企业超越了单纯的利益追求,也能在竞争中处于优势地位(W Hopfenbeck,1993)。这种观点认为企业会自发地对客观环境的变化产生敏感的反应,而导致这种结果的原因也在于一个以生态学为基础的经营政策。格拉德温(Gladwin)、哈特(Hart)、莱因哈德特(Reinhardt)等也支持了他的观点,认为企业在环境保护方面的成绩可以转化为竞争优势,例如通过污染治理以提高资源的利用率,或者运用新型产品的高附加值来增加企业收益(Gladwin,1993;Hart,1995;Reinhardt,1998)。霍普芬贝克(W Hopfenbeck)和格拉德温(Gladwin)等相信建立以生态学为基础的经营策略会带来较高的回报率,但在他们的论文中却没有提供可靠的实证数据,使得他们的结论缺乏统计学意义上的支持。斯坦威克(Stanwick P A)完善了霍普芬贝克(W Hopfenbeck)和格拉德温

(Gladwin)等的工作,其在对跨行业 120 家企业调查的基础之上证明了企业收益率与排污总量之间的正相关关系(Stanwick P A,1998),研究的结果支持了霍普芬贝克和格拉德温的观点,但没有证据可以显示其理论对地理学分析敏感程度的强弱。一般说来,企业的环保行为被认为是实现企业可持续发展的有效路径(Jeremy Hall,2000),在不考虑企业对地理环境条件的敏感程度的情况下,如果企业收益率与环保投资呈正相关关系,企业没有理由对实施环境保护行为缺乏热情。但现实的情况和以上推论存在相悖之处,地理和环境的因素往往是企业作出如上判断的关键所在。归纳以上学者的观点,他们同意企业调整资源配置方案与环境保护的行为是企业自发形成的。他们强调宏观环境因素对企业行为存有影响,并进一步证明了环保投资与企业收益正相关。但是,他们的观点忽略了地理环境因素对企业行为的影响和企业本身多元化的情况。企业在资源利用代谢的过程中的结构分化和行为选择是为了适应客观环境,而这种资源利用代谢过程的先决条件是选择性边界的产生(Chen P,2007)。这种选择性的边界决定了企业本身对客观环境的合理反映——投资或者不投资于环保方面。

根据上述推论,并考虑到本章的目的在于评价企业自身的技术效率的问题,应当将"环保投入"作为一个投入的指标来考虑。这种环保投入一方面来源于对客观环境的反应,另一方面应当来源于对企业自身定位的分析。

有学者将企业的合作行为看作是一种闭环经济系统中的自发行为,肖忠东和孙林岩在其合作出版的专著《工业生态制造——剩余物质的管理中》运用生态学中的物质循环理论来对工业制造中的剩余物质进行研究,即封闭的物质循环(肖忠东、孙林岩,2003)。德国学者也对闭路经济循环中的合作行为进行了实证研究,在对 Rhine Neckar 地区调查后,认为区域性企业间合作适合封闭的物质循环(Tomas Sterr、Tomas Ott,2004)。封闭的物质循环的主旨在于"资源—生产/消费—再生资源"的物质代谢循环模式,这种模式把经济系统看做生态系统,强调提高资源的利用率。但要在企业网络中实现这种闭环的物质循环模式,则会对技术创新能力提出严重的挑战。而且这种物质封闭循环是建立在信息完全对称的基础之上,且企业间不存在交易摩擦,这在现实世界中是不存在的。伊利亚·普利高津在其著名的论文"结构耗散和生命"中提出开放的系统是演化的前提(Prigogine,1969)。现实中,企业网络就是一个在不断演化的系统,一个不断和外界交换信息和能量的开放系统。企业的合作行为不仅仅是企业网络内部将废弃物封闭循环,而是要与企业网络的外部进行开放的交互。企业网络的特征已经证明了企业需要通过信息交换、资源交换等实现企业的环保及资源配置策略。从以上学者的观点中可知,企业间的闭环物质循环系统依赖于一个开放的合作系统,这种开放的合作系统与资源利用率以及降低环境压力存在关联,由此,本研究将"企业合作频度"作为另一个投入指标来进行评价。

另外,讨论企业的技术效率不能忽略技术创新的因素对其产生的影响。对于企业本身而言,在不同的阶段其创新能力也存在差异。一般认为,在企业发展的初期,其对资源的依赖要小于其对技术创新的依赖,因为在进入一个全新的市场时,企业必须通过一系列不间断的创新以获得市场地位;而在企业发展的中期,企业在市场中的地位日益巩固,在这个阶段企业要扩大自身的市场并进一步增强自身的实力,在一个行业平均的技术水平上,企业对资源的需求必将增加，并且会给环境带来压力。随着对资源需求力度的加大，其资源利用率则会进一步降低，会进一步增加企业的生产成本。在这种情况下，企业有可能选择技术创新以提高企业的资源利用率，以期增强企业自身的竞争力。但事实上，企业很难凭借一己的力量在这个阶段进行技术创新，这种创新依赖于企业之间的高频度合作。所以，本研究将"技术创新投入"作为第三个投入指标。

相对于投入指标的设定，产出指标的设定相对容易一些。考察企业的技术效率，最关键的一点在于对其收益率进行讨论，故本研究选用营业收入衡量产出，数据来源于所选取公司的财务报表，由 CCER 数据库获得。

二、模型解释

由于本章的研究目的在于探讨样本企业在实行"循环经济体系"试验的过程中的技术效率，探讨"创新投入"、"合作频度"、"环保投入"与企业产出之间的关系，故选取以投入为导向的 C^2R 模型。

C^2R 模型假设若某评价系统可被设定为若干个决策单元（DMU），且其评价指标体系有 m 个输入变量与 n 个输出变量，其中第 i 个 DMU 的输入与输出的变量分别为 $X_i = (x_{1i}, x_{2i} \cdots x_{mi})^T > 0$ 和 $Y_i = (y_{1i}, y_{2i} \cdots y_{ni})^T > 0$，其中 $i = 1, 2 \cdots n$。那么，对第 i_0 个 DMU 进行评价的带有非阿基米德无穷小量 ε 的 C^2R 模型为：

第五章 循环经济中企业合作与技术创新的关系分析

$$\begin{cases} Min[\theta - \varepsilon(e^T n^- + e^T n^+)] \\ \sum_{i=1}^{n} \lambda_i x_i + n^- = \theta x_0 \\ \sum_{i=1}^{n} \lambda_i y_i - n^+ = y_0 \\ \lambda_i \geqslant 0, i = 1, 2, \cdots, n \\ n^- \geqslant 0, n^+ \geqslant 0 \end{cases} \quad (5-1)$$

其中,ε 为非阿基米德无穷小量,$e^T = (1,1,\cdots,1) \in R_m$,$n^+$、$n^-$ 为松弛变量,λ_i 表示第 i 个 DMU 的权值,x_i、y_i 表示第 i 个 DMU 的投入产出向量。模型的意义在于在至少保持产出不变的情况下,尽量按某一种比例减少投入。松弛变量的意义在于调整 DMU 投入产出的结构。C^2R 模型在对任一个 DMU 进行评价时,除了会对决策单元是否有效作出判断,同时也估计了前沿面的生产函数,尽管数据包络分析不能给出前沿面生产函数的具体形式,但是可以给出生产活动在生产边界上相对应的点。在本研究中,n^+、n^- 作为松弛变量,分别表示技术创新投入与环保投入中未被充分利用的部分。

三、样本

本研究选取了河南省郑州市某家资源型企业为研究样本,具体讨论资源型产业中企业合作与技术创新对企业技术效率的影响。本书选取的样本企业位于河南省煤炭产区内,且主营产业对资源条件有着较强的依赖。在 2008 年,这家企业实行了循环经济体系的试验,一方面在企业内部尝试建立循环经济体系,另一方面积极寻求企业间的合作以期将循环经济体系向行业内部推广。从 2008 年开始,该企业与行业内其他企业间的合作频度明显增加,本章将重点考察以 2008 年为界,这家企业技术效率的变化。研究所选取的具体纵向边界为 2001 年到 2010 年这 10 年。

第三节 结果及讨论

将作为样本的企业的"技术创新投入"、"环境保护投入"、"企业间合作频度"、"营业收入"4 项指标分别代入预设模型中,将 2001—2010 年间的每项指标作为决策变量,用 DEA Solver 软件进行计算,得到如下结果,具体详见表 5-1。

表 5-1 C^2R 模型求解结果

时间(年)	变量		
	y	n^+	n^-
2001	0.325 744 3	6.763 244	1.997 146
2002	0.467 560 9	23.812 549	
2003	0.757 406 9	11.007 132	
2004	0.852 273 4	0.674 423	14.903 347
2005	0.806 541 1	24.552 673	
2006	0.782 134 5	20.941 305	
2007	1		
2008	0.898 245 1	0.516 375	
2009	1		
2010	1		

表 5-1 显示了样本企业的综合效率,我们可以看出在研究纵向边界的 10 年间,企业达到技术效率最优的只有 3 年,分别是 2007 年、2009 年和 2010 年,其余各年都非效率最佳。从表 5-1

中的计算结果中可以很清晰地发现,该企业的技术效率被分成了较为明显的两个阶段:2001—2006 年为第一个阶段,2007—2010 年为第二个阶段。第一个阶段的数据显示,从 2001 年到 2006 年该企业的资源配置效率不高,投入产出量的不合理与企业整体结构不合理同时存在,几乎每年都存在技术创新投入过剩的现象,并且在 2001 年与 2004 年还存在环保投入利用效率低下的情况;而在第二阶段,4 年中有 3 年达到了最优的生产效率,表明投入产出的配置合理,投入得到了充分利用,没有出现过剩与利用不足的现象。从这些计算结果可以看出,随着该企业进行循环经济的试验,在企业合作频度增加的情况下,技术投入、环保投入与产出的结构合理,配置效率达到了较优的水平,可以认为通过企业合作,使企业的配置效率得到提高。

在表 5 - 1 显示结果的基础上,在预设的 C^2R 模型中加入约束条件:$\sum_{i=1}^{n}\lambda_{i0}=1$,将 C^2R 模型变形为 C^2GS^2 模型以测量每一个决策单元的技术效率,在 C^2GS^2 模型中保持原有变量的含义不变,利用相同的数据再次进行计算,计算结果见表 5 - 2。

从计算的结果可以看出,第二阶段(2007—2010 年)的技术效率均达到了 1,且松弛变量都为 0,表明不存在效率不足的现象,达到了技术效率最佳,各因素之间的配置处于最佳状态,DEA 有效。第一阶段(2004—2006 年)的技术效率接近最佳,存在技术投入利用效率不佳的情况。从这 10 年间的数据来看,该企业的技术效率保持了一种增长的态势。一般认为,技术在经济学的语境内,被认为是一种投入产出关系的具体体现,一般反映为生产函数,表现为生产过程中投入产出之间的某种数量关系。从计算结果的分布来看,可以看出该企业在实行循环经济试验之后其技术效率明显好于进行试验之前,通过有效的企业间的合作使企业的技术创新投入、环保投入与营业收入之间配置达到了最优。

表 5-2 C^2GS^2 模型求解结果

时间(年)	变 量		
	y	n^+	n^-
2001	0.443 697 1	4.236 576	
2002	0.516 091 4	25.312 974	
2003	0.813 251 2	19.236 576 1	
2004	0.936 539 7	4.854 219	20.216 454
2005	0.987 621 1	21.672 342	
2006	0.903 548 6	20.007 145	
2007	1		
2008	1		
2009	1		
2010	1		

第四节 本章小结

通过计算的结果可以看出,该企业在 2001 年至 2010 年的 10 年间,综合效率和技术效率都呈现出一种递增的趋势。从模型反映的结果可以看出,企业合作频度的增加直接影响了决策单元的效率的起伏。在本模型中加入"企业合作频度"这一变量作为投入指标,是从本研究的第四章的研究结论出发,认为企业间实现技术创新必须加强企业间合作的力度,本章的主要目的就是要对第四章的结果通过案例分析作进一步的验证。

一般说来,企业并非独立存在于市场中的个体,而是与其他在位企业共同组成了一个企业网络。企业网络结构对企业竞争优势有着重要影响(高展军,2010)。戈亚瓦利(Gnyawali)和马德范(Madhavan)的网络结构嵌入理论认为,企业不是在"原子化"状态下凭借自身资源条件来采取竞争行为的,企业的竞争行为至少部分是由企业不断发展演化的各种关系决定的(Gnyawali、Madhavan,2001)。他们认为企业之间合作关系存在的意义在于监视其他企业的行为。企业不会盲目地对一项技术的改进投入大量的资本,这种技术的更新更应当存在于企业之间信息的交互过程中,在这个过程中企业会对创新的方向作出明确的选择。很关键的一点,技术创新是企业间互动行为发生过程中最重要的因素之一,依据关系嵌入理论,新技术会在企业间的合作中被分享。这被认为是除了正式契约、市场交易关系之外的另一种机制(Moran,2005),"信任"在企业网络成员共享信息的过程中起着决定性的作用(Inkpen、Tsang,2005)。通过本章的研究结果可以看出,样本企业在实施循环经济试验后,其综合效率与技术效率均实现了明显的提升,企业间这种"信任",使企业之间的技术更新速度加快。

企业网络是一个复杂的、通过企业间合作频度形成的网络结构。在这个网络中存在的信息复杂而繁冗,任何技术创新的产生都会带来信息的不对等和位置的不对等,新技术的采用方会有比网络内其他企业更大的选择机会。企业间竞争和合作关系的同时存在会使企业在网络中表现出更为复杂的关系结构和行为特征(Rindfleisch、Moorman,2001)。企业的行为随着企业间信息交互程度的变化而改变,企业的网络结构是独特且依赖路径的,而企业网络结构的独特性是源于企业间多种多样的合作形式(Gulati et al.,2000)。在这种形态各异的合作过程中,企业之间的信息交互的速度进一步加快,这有利于企业在创新过程中改变其自身固有的"组件知识",以实现"结构性"的创新,最终实现经济形态的转变,这印证了第三章所提出的假定——经济形态的转变有赖于"结构性创新",事实上,这也正是循环经济的主旨所在。

本章的研究结论事实上非常明显,企业合作频度的增加会提高企业的综合效率和技术效率。本章将技术创新投入、环保投入与企业合作频度作为投入指标对样本企业的技术效率进行了测量,结果表明在该企业实行循环经济的试验后达到了技术效率最优。这可以说明实施循环经济试验使各种投入与产出之间的配置达到了一个较优的水准,而这些受到了企业合作频度这一关键变量的影响。

第六章　循环经济的实现路径

　　循环经济的根本目的在于实现降低自然环境的压力和提高自然资源的使用效率。这种趋向使得研究者们将其与可持续发展联系在一起。当然，循环经济不能完全等同于可持续发展，但是可持续发展的理念与循环经济的目标并无二致。由于循环经济本身的不可观测性，要对循环经济的内涵和本质进行分析，采用衡量某个地区或企业实现可持续发展的程度的方法事实上降低了研究的难度。在进行针对某个特定区域或者企业的可持续发展的分析之前，我们首先应当确定我们采取什么样的指标才会显得更为合理，这些指标的选取直接决定了研究结论的可信度。我们可以通过文献的查阅，较清晰地确定一系列与可持续发展相关的指标，甚至还可以将其细化为几个关键的要素进行观察。但是我们也必须明白可持续发展与循环经济之间的差异是存在的，实施循环经济的目的中，可持续发展是极为重要的一环。实现可持续发展是循环经济形态建立的重要阶段，发现它们二者之间的路径关系显得尤为必要。本章提出一个假设：即可持续发展与循环经济之间的路径关系并非只是一个简单的有向关系，而是通过部分未知变量的中介作用来实现。发现这些中介变量以连接可持续发展与循环经济正是本章的目的所在。

　　本研究的目的是发现致使经济循环的规律为何，而这种规律是一种未知而难以观测的，为了实现研究目的，必须考虑研究的可操作性。依据本章的研究假设，我们需要预先分析影响可持续发展的关键因素,进而通过路径分析以确定从可持续发展到循环经济之间的路径关系。在这种前提下,必须首先确定一个研究范围来细化研究的层次,本研究未采用置信程度更高的面板数据回归方法进行统计分析是由于本书的目的并不在于通过对时间序列的数据分析来总结归纳可持续发展与循环经济活动中的一般规律或各外生变量之间的关联程度,因为它们是难以清晰地观测的。采用更为主观的量表分析方法来探索不同群体在对于变量"可持续发展"对变量"循环经济"的影响程度意见的分布,以及它们之间的路径关系。

第一节　模型构建

在明确可持续发展与循环经济形态之间的关系之前,首先应当确定对可持续发展有着较为关键影响作用的几个因素。本章首先采用验证性因子分析确定若干影响可持续发展的关键因素,再进一步设定中介变量,确定可持续发展与循环经济之间的路径关系。

一、自变量

(一)创新投入

皮尔斯(David Pearce)与特纳(K Tuner)认为大量的资源消耗会给自然环境带来压力,目前依赖于资源消耗的经济增长方式对自然环境带来的破坏是一种不可逆的过程(D Pearce、K Tuner,1989)。这清晰地阐明了自然资源对环境的影响,要想减轻自然环境压力就必须减少对资源的压力。但是,目前经济的发展还离不开自然资源,只有通过对技术创新的投入以提高资源的利用效率来减轻自然环境的压力,本研究假定:

H1:创新投入程度是影响可持续发展的关键因素之一。

（二）资源开采量

将资源开采量作为影响可持续发展实现的关键因素之一，其原因在于可持续发展的实现对资源的开采程度敏感。可持续发展的目标是降低资源的消耗量，提高资源的利用率，并在此基础上降低自然环境的压力。降低资源开采量，不是以牺牲经济发展为代价的，而是通过新技术的引入提高了资源的利用率。故本研究假定：

H2：资源开采量是影响可持续发展的关键因素之一。

（三）固定资产投入

固定资产投入是经济社会实现固定资产再投资的有效方式，固定资产投资有利于新技术的产生和新的产业布局的形成。而新技术的投入会提高资源的利用效率，进一步降低经济发展对自然环境的压力。并且随着固定资产投入力度的加大，会改变现有的产业结构和布局方式，有利于企业间的进一步合作，提高新技术的应用效率，以实现经济社会的可持续发展。故本研究假定：

H3：固定资产投入程度是影响可持续发展的关键因素之一。

（四）环保投资

环保投资是衡量一个社会系统对环境污染治理力度的最直接评价标准。可持续发展的根本目的就是要在保持经济增长的同时实现对自然环境的保护，环保投资力度的强弱直接影响环境污染治理的水平，而环境污染治理水平直接影响可持续发展的实现。故本研究假定：

H4：环保投资程度是影响可持续发展的关键因素之一。

二、中介变量

可持续发展与循环经济之间存在差异，不能笼统地将可持续发展的结果认定为循环经济体系的建立。

(一) 企业合作

企业的创新能力是一个企业生命力的体现,创新能力强的企业对外部环境的变化反映灵敏,反之则会在竞争中遭到淘汰。在现代社会中,由某一企业独立完成某项创新的情况越来越少。就循环经济本身而言,其目的是在减轻自然环境压力的同时实现资源的有效利用,这就要求加快新技术应用的速度。一般认为,在一个信息共享程度较高的系统中,其新技术的运用效率较高,这是由于一个信息共享程度较高的系统,其系统主体间的合作频度也较高。单个企业可以通过实施可持续发展的战略实现降低自然环境压力的目标,但这并不会引发经济形态的转变。循环经济的目的在于实现资源的循环利用,这就要求企业间充分了解彼此的废弃物与原材料的情况,只有通过高频度的合作,才可以实现这一目的。故本研究假定:

H5:企业合作对可持续发展和循环经济之间的路径关系存在中介效应;

H6:企业合作能力的提升有利于循环经济形态的实现。

(二) 知识转移

从第三章到第五章的分析可知,循环经济形态的实现依赖于"结构性创新",而结构性创新的关键在于对企业"组件知识"的更新。从可持续发展的角度出发,要想实现可持续发展的目标,必须改变现有依赖于高能耗和高污染的经济增长方式,这种改变依赖于新技术的引入。这种新技术的引入在很大程度上依赖于企业之间的合作方式,难以想象仅凭一个企业便可以实现足以改变现有经济形态的技术创新。必须在企业之间进行有效的知识转移,进一步消除企业之间的技术信息壁垒,才可以实现"结构性"

的创新,以改变企业自身固有的"组件知识",并进一步实现经济形态的转变。故本研究假定:

H7:知识转移对可持续发展和循环经济之间的路径关系存在中介效应;

H8:知识转移程度的提升有利于循环经济形态的实现。

三、因变量

循环经济:循环经济的目标在于实现资源的循环利用,并同时降低自然环境的压力,期望物质在一个闭路系统往复利用。可持续发展的目标与循环经济形态的目标有相同之处,都是在不进一步破坏自然环境的基础上,期望提高资源的利用率以实现经济社会的永续发展。从历史上两次经济形态转变的过程来看,一个客观、有序的反馈系统对于经济形态的转变有着关键的影响作用。不同的转变方式有着截然不同的特点,难以简单地进行测量,对于循环经济形态来说,在现阶段,我们不可能明确所有影响其转变过程的因素,但是,一些客观的因素可以影响循环经济形态的实现,这些外生变量通过中介变量或者调节变量来影响循环经济形态的实现。换言之,通过对这些外生变量、中介变量或调节变量进行分析,可以发现其对循环经济的影响程度。

第二节 样本选择

一、样本选择方案

本书的研究在数据的获取方式上拟采取 Likert7 点量表。众所周知,使用量表的优势在于数据标准化的程度较高,而不足的一方面在于统计分析的结果属于主观概率,这样对现实的解释力也大打折扣。况且数据自身的色噪声问题也需要解决,选取合理的白化方法显得尤为重要。比起面对看起来复杂无章的统计数据,采用量表方式来满足数据获取的需要不能不说是一种在技术层面上有利的选择。随着现代统计技术的发展和完善,通过对数据的分析来发掘藏在数据背后的规律成为了现实。

从本书题目可知,本研究中的抽样对象包括专注于循环经济与可持续发展领域的研究人员与企业的管理者,为了提升数据的代表性,研究要求样本尽可能地广泛,同时又要求每个数据点都能够为研究所需求的测量指标提供可靠的综合信息,于是本研究从研究机构与企业共同获取数据。另一方面,为了保证数据的多样及有效性,本研究特考虑了从企业的管理层和研究者双边获取。

二、样本的人口统计分析

本次研究的对象人口统计特征如表6-1~表6-3所示,所有有效问卷的回答者,包括可持续发展领域的研究机构与企业。本次研究共发放问卷321份,其中剔除恶意答项较多和回答不完整度较高的14份,共有有效问卷307份。307份正式问卷中有20份来自各个研究机构中的可持续发展与循环经济领域的研究者,44份来自企业的管理层,243份为普通工作人员。3种样本占有效问卷的比例各为6.55%、14.30%和79.15%。307名受访人员中具有10年以上工作经验的接近40%,具体比例为39.7%,5~10年工作经验的为35.9%,3~5年工作经验的比例为24.4%,可以看出超过75%的受访具有5年以上的工作经验,其填写的量表应当具有较好的代表现实情况的能力,确保了前期数据的质量。一般认为,工作年限的长短与被试对问项的熟悉程度相关,对拥有较长工作年限的被试进行调查,会提高研究的有效程度。

表 6-1 职业身份

	人数	百分比(%)	有效百分比(%)	累计百分比(%)
研究者	20	6.55	6.55	6.55
企业管理者	44	14.3	14.3	14.3
员工	243	79.15	79.15	79.15
合计	307	100.0	100.0	

表 6-2 工作年限

	人数	百分比(%)	有效百分比(%)	累计百分比(%)
3～5 年	75	24.4	24.4	24.4
5～10 年	110	35.9	35.9	35.9
10 年以上	122	39.7	39.7	39.7
合计	307	100.0	100.0	

表 6-3 教育水平

	人数	百分比(%)	有效百分比(%)	累计百分比(%)
本科以上	164	53.4	53.4	53.4
本 科	102	33.2	33.2	33.2
本科以下	41	13.4	13.4	13.4
合计	307	100.0	100.0	

另外,本研究还调查了受试样本的受教育程度,受访者的受教育水平分布如下:本科以上164人,占受试总数的53.4%;本科102人,占受试总数的33.2%;本科以下41人,占受试总数的13.4%;高中程度以下的人数为0。由于本研究更多地考虑到被试回答可信度的问题,所以对教育水平这一控制变量进行单独分析,由于可持续发展与循环经济具有一定的专业性,可以认为变量"教育水平"对其存在较显著的影响。

以上调查对象的人口统计分析与所期望调查的可持续发展与循环经济的路径关系所需了解的对象非常接近。这些研究机构的研究者、企业管理层人员和普通员工分别来自湖北省武汉市各高校与河南省郑州市的煤炭企业，作为样本范围的两个区域同属华中地区，且距离较近，在资源、环境和经济发展水平上接近，因此认为其具有一定的代表性。

第三节　前　　测

从区域的视角出发，探寻影响区域可持续发展的关键因素是本书的目的之一，在具体的研究计划的制定上，本书考虑了多种方案。作为研究标的"可持续发展"一词不能被直接测量，将其数值化存在着一定的困难，这就要求选取一种适用于主观概率的方法来进行测量。考虑到现有文献对类似研究方法的评述，本书拟采用验证性因子分析的方法来确定。验证性因子分析可以将无法直接测量的潜变量用可以测量的题项来测度，并具有较好的解释力，对于本书的研究应当作为优先采用的方法。

数据的采集拟采用量表的形式，向武汉地区的高校及郑州地区的煤炭企业发放。本书所选取的量表为独立开发的全新量表，遵循了量表开发的一般规律，即在文献梳理的基础上，通过一系列的专家访谈与评价来形成的最终量表。对量表的设计基于以下两点理由：①可持续发展的出发点是在环境保护和降低自然资源的消耗方面保持经济的增长，而循环经济的出发点与之类似，可以通过对可持续发展的测量来进一步推得其与循环经济之间的关系，量表的设计可以以"可持续发展"这一概念为基本出发点；②任何量表，包括已具备足够成功经验的量表在全新的外部环境中再度使用，都应进行前测，只有各项统计指标均达到显著才可以认为量表有效，相反地，如果统计指标不理想，就应当对量表进行修正。

本研究所开发量表的出发点在于两个问题：①影响可持续发展的关键因素为何？②可持续发展与循环经济形态实现之间的因果关系为何？对于第一个问题，本研究拟采用验证性因子分析的方法进行分析，通过一系列的问项，尝试将预设的题项成功收敛到4个因子（创新投入、资源开采量、固定资产投入、环保投资）之上。对于第二个问题，本研究判断"可持续发展"与"循环经济形态"之间的影响类型为非直接，那么，就必须寻找出关键的且具有较强中介效应的变量为之搭建桥梁。本书预设了两个中介变量，分别是"企业合作"与"知识转移"，这两个中介变量的确定来源于本研究前面5章的分析，这些有必要在量表的设计中考虑进去。

一、量表设计

结构方程模型能够对现实中无法直接测量的潜变量进行测度，但是要求每一个潜变量至少要被3个以上的题项来观测，这就要求在量表的设计上进行充分的考虑。结构方程模型所需求的数据由本研究经过修正后的量表提供，而量表本身的设计则取决于专家对可持续发展的关键影响因素的评分，这就要求在通过专家评价之后选取的探索性的因子需要有相应数量的题项来匹配。本研究拟采取访谈问卷的形式进行数据的回收，量表的形成过程将分为两个阶段：探索性量表阶段与正式量表形成阶段。

（一）探索性量表

探索性量表来源于对已有文献的梳理，并在其基础之上完善。首先通过阅读文献，发现相关研究中较显著的问题，并进一步对这些问卷进行归纳；其次，将归纳好的问题制成无规则排列顺序的问卷交由相关领域的专家进行打分；第三，在专家打分的基础上删除影响度较低的问项，确定影响本研究的关键因素；最后，以这些关键因素为基础，发展出研究的探索性量表。

本研究采用的双边问卷将从研究机构即来自于湖北省武汉市中国地质大学相关领域的研究者和企业管理者进行数据采集。之后，问卷草稿使用两种问卷，即对象为研究者与对象为企业管理者的问卷，并邀请可持续发展领域的专家进行评定。

（二）量表修正

第一次问卷调查是向湖北省武汉市中国地质大学发放，主要面向相关领域的专业研究人员。发放问卷 101 份，收回 97 份，回收率为 97%，剔除无效问卷，即填写缺失项目较多的问卷，或者连着 10 个以上测量条款给予同一选项的问卷，剩下有效问卷 85 份，有效率为 85%。

由于回收数据量表中存在部分缺失值，在进行数据分析之前，首先对缺失值进行整理，采用均值替换。使用修正条款的总相关系数 CITC(Corrected Item-Total Correlation, CITC) 和克朗巴哈(Cronbach)α 系数法净化和删除"垃圾测量条款"，在此基础上对影响因素进行探索性因子分析确定出最终测量条款。当 CITC 小于 0.5 时，通常就删除该测量条款，也有学者认为 0.3 也符合研究的要求（卢文岱，2002），本研究以 0.3 为净化测量条款的标准。并利用 α 信度系数法检验测量条款的信度，若删除某个测量条款，α 系数增大，则表示可以删除该条款。在测量条款净化后，再计算 α 系数，剩余测量条款 α 系数超过 0.7，说明信度符合要求。

净化测量条款后,对剩余测量条款进行探索性因子分析。首先,判断这些条款是否可以作因子分析。对样本进行 KMO(Kaiser-Meyer-Olkin Measure of Sampling Adequacy)样本测度和巴特莱特球体检验(Bartlett Test of Sphericity),判断是否可以作因子分析。一般认为,KMO 在 0.9 以上非常适合;0.8~0.9,很适合;0.7~0.8,适合;0.6~0.7,不太适合;0.5~0.6,很勉强;0.5以下,不适合。巴特莱特球体检验的统计值的显著性概率小于等于显著性水平时,可以作因子分析(马庆国,2002)。其次,对适合的测量条款进行探索性因子分析。

本研究采用主成分分析法对剩余测量条款进行因素提取,并用方差最大法(Varimax)进行因子旋转,将特征值大于 1 作为因子提取标准。若测量条款因子荷载小于 0.5,则删除该条款。当剩余测量条款的因子载荷都大于 0.5,而且解释方差的累计比例(Cumulative of Variances)大于 50%,则表示测量条款符合要求。具体详见表 6-4。

从表 6-4 可以看出,Q2、Q7、Q8、Q9、Q18、Q19、Q20、Q21、Q22 九个测量条款的 CITC 值都小于 0.3,并且删除之后都提高了量表的信度,因此予以删除。删除后量表中剩余的 21 个测量条款 CITC 值均大于 0.3,巴特莱特球体检验统计量显著,适合作因子分析。因子分析表明剩余 21 个测量条款的因子载荷都大于 0.5,特征值大于 1,解释方差累计比例为 72.5%。所以最终可持续发展与循环经济关系调查量表中使用剩余的 21 条测量条款。

在进行了探索性因子分析之后,删除无效选项,整理出了最终的调查量表应用于本次研究,原始量表借助其他统计方法仍然应用于另项研究,与本次研究共用被试,且不冲突。

表6-4 可持续发展与循环经济探索性分析表

Case Processing Summary			
		N	%
Cases			
	Valid	91	100.0
	Excluded[a]	0	0.0
	Total	91	100.0
Item-Total Statistics			
	Scale Mean if Item Deleted	Scale Variance if Item Deleted	总相关系数	Cronbach's Alpha if Item Deleted

	Scale Mean if Item Deleted	Scale Variance if Item Deleted	总相关系数	Cronbach's Alpha if Item Deleted
Q1	104.23	159.508	0.523	0.832
Q2	104.97	165.461	0.247	0.841
Q3	103.98	164.728	0.308	0.839
Q4	104.02	157.712	0.649	0.829
Q5	103.71	157.850	0.669	0.829
Q6	104.26	156.217	0.642	0.828
Q7	105.58	176.561	−0.144	0.853
Q8	105.48	178.544	−0.201	0.856
Q9	105.40	174.177	−0.063	0.851
Q10	103.73	156.907	0.651	0.829
Q11	104.08	156.669	0.598	0.829
Q12	103.59	157.756	0.674	0.829
Q13	103.89	153.442	0.698	0.826
Q14	104.22	155.913	0.703	0.827
Q15	104.22	152.681	0.699	0.825
Q16	103.93	160.611	0.499	0.833
Q17	104.29	159.443	0.508	0.833
Q18	104.13	166.316	0.199	0.843

续表 6-4

	Scale Mean if Item Deleted	Scale Variance if Item Deleted	总相关系数	Cronbach's Alpha if Item Deleted
Q19	104.14	172.144	0.018	0.847
Q20	105.13	183.134	−0.354	0.860
Q21	104.46	174.468	−0.071	0.850
Q22	105.53	174.696	−0.084	0.856
Q23	103.82	161.502	0.483	0.834
Q24	103.88	161.871	0.483	0.834
Q25	103.73	161.197	0.474	0.834
Q26	104.26	159.203	0.436	0.835
Q27	103.91	159.921	0.528	0.832
Q28	104.01	161.007	0.476	0.834
Q29	104.12	155.029	0.672	0.827
Q30	104.02	158.055	0.625	0.830

a. Listwise deletion based on all variables in the procedure.

二、信度检验

对量表信效度进行检验有助于分析统计结果对现实问题的解释能力。顾名思义，信度是检验量表的可靠性，而效度则是检验测量的正确性。

关于修正后量表可靠性的检测，其最终的目的是讨论量表的一致性和稳定性。信度检验其本质在于对量表内部试题之间是否符合、或在不同的时间点下测验分数的同一性进行考量。信度并非指代量表是否完全或者不完全可信，而是一种关于程度的表述。任何数据分析在统计意义的层面都存在误差，否认误差的存在就是否认观测的科学性。最大程度地降低误差有利于提高结论在统计意义上的解释能力,但不能完全地解释现实世界发生的各种事情。

(一) 量表总体信度

表 6-5 显示了量表的可靠性的程度,量表整体的 Cronbach's Aplha 系数为 0.938,标准化后的信度系数达到了 0.939,这说明了量表具有极好的一致性,信度很好。且各题项变异量不相等造成的影响微弱。

表 6-5 量表总体信度

Reliability Statistics		
Cronbach's Alpha	Cronbach's Alpha Based on Standardized Items	N of Items
0.938	0.939	40

(二) 变量信度

由以上检测结果可知(表 6-6),量表内各变量的 Cronbach's Alpha 值均在 0.70 以上,这就说明量表中的所有变量都具有较好的内部一致性。

(三) 折半信度分析结果

折半系数将量表自动分为两部分,并检验两部分的相关性。

从表 6-7 可知,原量表的 α 系数较折半系数高,因为折半量表的长度较短,信度会下降。但就整体而言,整个量表的同质性较高,两个子量表的相关度达到了 0.889,Cronbach's Alpha 系数分别为 0.921 和 0.950,显示了量表具有优秀的内部一致性和稳定性。

表 6-6　量表信度汇总

因子变量	测量问题数量	Cronbach's Alpha
创新投入	3	0.738
资源开采量	3	0.736
固定资产投资	3	0.740
环保投资	3	0.775
企业合作	3	0.798
知识转移	3	0.812
循环经济	3	0.749

表 6-7　量表折半信度分析

Reliability Statistics			
Cronbach's Alpha	Part 1	Value	0.921
		N of Items	20[a]
	Part 2	Value	0.950
		N of Items	20[b]
	Total N of Items		40
Correlation Between Forms			0.889
Spearman-Brown Coefficient		Equal Length	0.849
		Unequal Length	0.849
Guttman Split-Half Coefficient			0.847

三、效度检验

进行探索性因子分析，以验证理论模型的基本结构。对总体样本进行随机拆分，并进行差异检验，两部分样本在总体差异上分布均衡。在对其中之一样本的 KMO 和球形指数进行检测后，现实数据允许进行因子分析。遂采用主成分分析法，以最大变异轴法进行探索性因子分析,提取特征值大于 1 的因子,并保留多个指标进行测量。最终发现全部 21 个题项可以较好地归属于 7 个因子,每个测项的因子载荷均大于 0.5,达到了因子分析的要求。由结果可以看出,量表题项设计较为合理,因子提取效果良好,符合研究所提出的理论假设,总体效度较好。

内容效度从统计分析来看,21 个测量条款与总体的相关系数在 0.5 以上的有 21 个,占到 100%。从表 6-8 可以看出,本次量表 21 道题的 KMO 值达到了 0.882,一般认为 KMO 值应当大于 0.7,本问卷已经超出了这个标准。从逻辑分析来看,问卷中每个变量及变量中测量条款的提出,都是在国内外大量文献梳理的基础上提出的,有充足的理论论据,因此,问卷有较高的内容效度。

表 6-8 数据效度分析表

KMO and Bartletts Test			
Kaiser-Meyer-Olkin Measure of Sampling Adequacy			0.882
Bartlett's Test of Sphericity	Approx. Chi-Square		1 132.223
	df		210
	Sig.		0.000
Item-Total Statistics			
	Scale Mean if Item Deleted	Scale Variance if Item Deleted	Corrected Item-Total Correlation	Cronbach's Alpha if Item Deleted
Q1	78.08	171.455	0.570	0.932
Q2	77.44	170.053	0.707	0.930
Q3	78.11	167.552	0.707	0.930
Q4	77.73	165.550	0.726	0.929
Q5	77.56	169.962	0.710	0.930
Q6	77.93	168.060	0.659	0.931

续表 6-8

	Scale Mean if Item Deleted	Scale Variance if Item Deleted	Corrected Item-Total Correlation	Cronbach's Alpha if Item Deleted
Q7	77.58	168.022	0.730	0.930
Q8	77.87	170.008	0.681	0.931
Q9	77.87	169.987	0.672	0.931
Q10	77.76	171.659	0.586	0.932
Q11	77.86	172.023	0.564	0.932
Q12	78.11	170.290	0.505	0.934
Q13	77.97	167.323	0.696	0.930
Q14	78.07	167.515	0.761	0.929
Q15	77.82	175.329	0.413	0.935
Q16	78.14	172.659	0.503	0.934
Q17	78.07	163.718	0.765	0.929
Q18	77.78	173.501	0.510	0.933
Q19	77.67	175.172	0.462	0.934
Q20	77.58	173.051	0.529	0.933
Q21	77.72	174.899	0.491	0.934

由以上的量表前测试的信度与效度分析可知量表品质较好，题项设计合理，能够较好地解释研究问题，量表的统计结果分布在一个置信度较高的区间，能够对本研究假设的证明提供有力的支持。

本研究提出了一个关于可持续发展与循环经济之间的假设路径模型，共有自变量4个、中介变量2个、因变量1个，模型共涉及7个变量。量表拟对所有7个变量均进行测量以检查其对假设模型的匹配程度，因此，量表效度的检验应当包含对变量总体载荷的测量。本研究对总体样本进行了随机拆分,并进行了差异检验。由表6-8所示,量表的KMO值为0.882,球形指数为1 132.223,允许进行探索性因子分析。提取特征值大于1的因子,并保留多指标测量,最终发现全部21个题项可以较好地归属于7个因子,且每个测项的因子载荷均大于0.5(表6-9),符合因子分析的要求。考虑到量表中各题项之间的相关性较低,遂采用正交旋转的方法对因子矩阵进行旋转。表6-9为对因子矩阵进行了正交旋转后的变量总体载荷矩阵。

表6-9 正交旋转后变量总体载荷矩阵

	Component						
	1	2	3	4	5	6	7
创新投入1	0.582						
创新投入2	0.503						
创新投入3	0.791						
资源开采量1		0.610					
资源开采量2		0.568					
资源开采量3		0.700					
固定资产投资1			0.779				
固定资产投资2			0.699				
固定资产投资3			0.504				
环保投资1				0.751			
环保投资2				0.640			
环保投资3				0.570			
企业合作1					0.845		
企业合作2					0.815		
企业合作3					0.738		

续表 6-9

	Component						
	1	2	3	4	5	6	7
知识转移 1						0.834	
知识转移 2						0.780	
知识转移 3						0.624	
循环经济 1							0.754
循环经济 2							0.581
循环经济 3							0.533
% of Variance	23.150	11.545	9.503	6.270	4.764	3.907	3.327

从分析的结果可以看出,量表题项设计较为合理,因子提取效果良好,符合研究假设所要求的条件,量表整体效度较好。

由以上的量表前测试的信度与效度分析可知量表品质较好,题项设计合理,能够较好地解释研究问题,量表的统计结果分布在一个置信度较高的区间,能够对本研究假设的证明提供有力的支持。

第四节 结构方程实证检验

一、检验

本研究使用 AMOS 7.0 版本软件进行可持续发展与循环经济之间的路径分析,运用 Lisrel8.70 版本软件进行验证性因子分析,具体统计结果如下。

(一) 描述性统计

本书主要用最低分值、最高分值、均值和标准差来对问卷结果进行描述统计。描述统计采用 SPSS 统计软件进行分析,分析结果如表 6-10 所示。

表 6-10 量表描述性统计

测量变量	问题序号	最低分	最高分	均值	标准差
创新投入	1.1	3	7	5.19	1.051
	1.2	3	7	5.40	1.144
	1.3	3	7	4.92	0.907
资源开采量	2.1	2	7	5.26	1.025
	2.2	3	7	4.37	0.956
	2.3	2	7	4.81	1.076
固定资产投入	3.1	2	7	4.96	1.186
	3.2	2	7	4.22	1.455
	3.3	1	7	4.50	1.041
环保投资	4.1	2	7	4.51	0.804
	4.2	1	7	4.68	0.997
	4.3	2	7	4.81	1.076
企业合作	5.1	1	7	5.20	1.117
	5.2	1	7	4.20	1.338
	5.3	1	7	4.48	1.058
知识转移	6.1	1	7	4.14	1.472
	6.2	2	7	4.42	1.138
	6.3	1	7	4.94	1.036
循环经济	7.1	1	7	4.81	1.276
	7.2	1	7	4.79	1.291
	7.3	1	7	5.28	1.099

(二) 验证性因子分析

结构方程模型(Structural Equation Modeling,SEM),也有人

称之为协方差结构模型(Covariance Structure Models, CSM),或线性结构模型(Linear Structural Relations Models, LISREL)。它用于对复杂现象的模式进行处理,根据理论模式与实际数据关系的一致性程度,对理论模式作出评价,从而达到对复杂的实际问题进行定量研究,找出其规律性的目的。在研究中,把描述研究对象特征的指标或现象称为变量,对无法直接测量的变量称为潜变量(Latent Variable)或隐变量,可直接测量的变量记为观测变量(Manifest Variable)或显变量,结构方程用于研究潜变量与观测变量之间的关系。结构方程模型分为测量模型和结构模型。测量模型描述了观测变量与潜变量之间的关系,结构模型描述了潜变量与可测变量之间的关系。测量模型(Measurement Model)又称验证性因子模型,结构模型(Structural Equation Model)又称潜变量模型(Latent Variable Model)。结构方程模型的建立主要有3个步骤:一是构造模型,二是估计结构模型参数,三是检验模型对实际数据的拟合程度。

本研究建构的理论模型中,有4个外因潜在变项,即创新投入、资源开采量、固定资产投入以及环保投资。创新投入这个潜在变量用了8个观察变量;资源开采量这个潜在变量用了5个观察变量;固定资产投入这个潜在变量用了5个观察变量;环保投资这个潜在变量用了3个观察变量。各观察变量都有几个测量条款进行测量。

在进行了验证性因子分析的基础上,为了明晰4个影响因素与可持续发展之间的关系,将4个外因潜变量(4个影响因素)与内因潜变量(可持续发展)之间的关系量化,我们采用二阶因子分析的方法来测算。

经由Lisrel8.70版本估计(图6-1),Minimum Fit Function

Chi-Square=285.70,P=0.00,没有达到显著性水平,表示本研究假设模式之共变量矩阵与实证资料之共变量矩阵之间差异并不显著。从绝对适配量测来看,RMSEA=0.058,接近于0.05,显示本研究假设模式可以接受;ECVI=3.30,小于独立模式的ECVI值,接近于饱和模式 ECVI 值,也显示假设模式是可以接受的;从增值适配量测来看,NFI=0.92,大于接受值0.9,也显示假设模式可以接受;CFI=0.97,高于接受值0.9,显示模式在可以接受的边缘。整体而言,大部分绝对适配量测、增值适配量测、简效适配量测皆通过要求的接受值,显示本假设模式可以接受。这显示本假设模式是一个相当符合实证资料的模式。本研究运用更加成熟的统计软件 Lisrel8.70 检验模型的合适性,结果表明,设计的研究模型是稳定的、合适的。

```
                    Goodness of Fit Statistics
                       Degrees of Freedom = 185
                  Minimum Fit Function Chi-Square = 285.70 (P = 0.00)
          Normal Theory Weighted Least Squares Chi-Square = 241.68 (P = 0.0033)
                    Estimated Non-centrality Parameter (NCP) = 56.58
                90 Percent Confidence Interval for NCP = (20.42 ; 100.84)

                         Minimum Fit Function Value = 3.17
                    Population Discrepancy Function Value (F0) = 0.63
                 90 Percent Confidence Interval for F0 = (0.23 ; 1.12)
               Root Mean Square Error of Approximation (RMSEA) = 0.058
              90 Percent Confidence Interval for RMSEA = (0.035 ; 0.078)
                   P-Value for Test of Close Fit (RMSEA < 0.05) = 0.25

                      Expected Cross-Validation Index (ECVI) = 3.71
                 90 Percent Confidence Interval for ECVI = (3.30 ; 4.20)
                         ECVI for Saturated Model = 5.13
                        ECVI for Independence Model = 38.95

       Chi-Square for Independence Model with 210 Degrees of Freedom = 3463.77
                          Independence AIC = 3505.77
                              Model AIC = 333.58
                             Saturated AIC = 462.00
                          Independence CAIC = 3579.60
                              Model CAIC = 495.08
                            Saturated CAIC = 1273.01

                          Normed Fit Index (NFI) = 0.92
                        Non-Normed Fit Index (NNFI) = 0.96
                       Parsimony Normed Fit Index (PNFI) = 0.81
                        Comparative Fit Index (CFI) = 0.97
                        Incremental Fit Index (IFI) = 0.97
                         Relative Fit Index (RFI) = 0.91

                            Critical N (CN) = 74.29

                     Root Mean Square Residual (RMR) = 0.070
                           Standardized RMR = 0.070
                       Goodness of Fit Index (GFI) = 0.80
                   Adjusted Goodness of Fit Index (AGFI) = 0.75
                  Parsimony Goodness of Fit Index (PGFI) = 0.64
```

图 6-1 验证性因子分析拟合结果输出图

好的结构模型能既简单又准确地反映变量之间的关系。因此,对可持续发展的内涵构成抽取二级因子,模型的自由度是185(df),根均方差(RMSEA)是 0.058,非标准拟合指数(NNFI)是 0.96,比较拟合指数(CFI)是 0.97,可以看出模型拟合较好,表明影响可持续发展的 4 个关键因素可以解释可持续发展这一变量(图 6-2)。

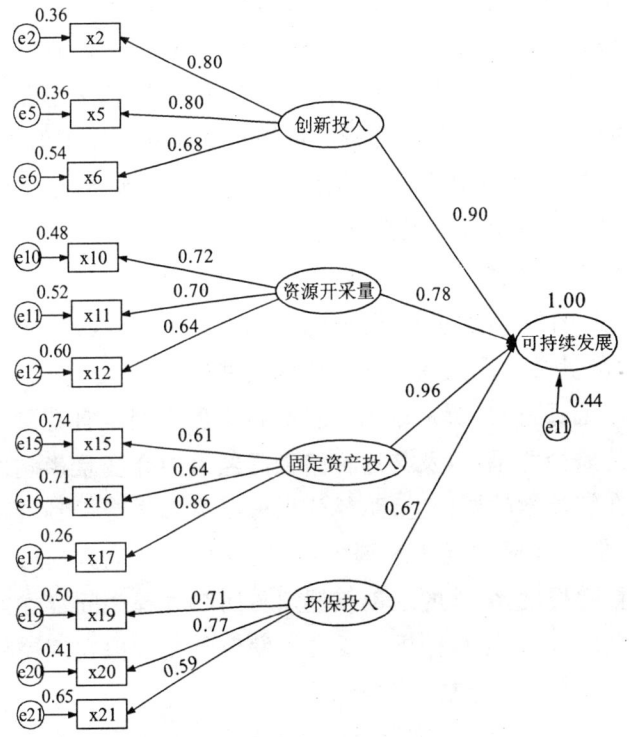

图 6-2 可持续发展关键影响因素验证性因子分析模型计算结果

(三) 路径分析

本研究拟采用路径分析(Path Analysis)的方法对研究假设

进行验证。路径分析要求任意两个变量之间的路径系数必须达到 $\alpha=0.05$ 的显著相关水平,如果未达到则表示两个变量之间因果关系较弱,不能采取该路径。在这种情况下必须探寻新的路径重新分析,并藉由此获取模型中各独立变量对因变量的影响程度。

路径分析的方法由遗传学家 S Wright 于 1921 年首次提出,此种方法在社会学、心理学、管理学、教育学等行为学科中被广泛运用。路径分析的前提条件在于其是在一种封闭系统中,对变量之间因果或非因果线性关系的分析方法。本质来说,路径分析不能推测变量之间的因果关系,其仅具有回溯功能,来验证理论假设模型的可靠程度。路径分析的运用具体建立在以下假设之上:

(1)变量之间的因果关系是提前定好的,且为单项作用,不考虑变量之间的互动关系及反馈关系;

(2)变量之间的关系为线性关系并可被叠加;

(3)变量的内生残差项相互独立,不与任一变量或残差项相关;

(4)测量必须建立在一定的信效度基础之上。

根本上,路径分析是运用一组回归方程来判定自变量与因变量之间的路径关系,以及与这种路径需经由中介变量影响的相关程度。在统计学的层面上,路径分析可以被看作为一种特殊的回归方程,但在实际的运用过程中,路径分析强调该方程可被理论假说解释的程度,假设的理论模型须与回归方程之间存在意义上的一致性。所以,路径分析主要在于发现研究数据在理论假设与统计学意义之间的矛盾。

本研究中自变量、因变量及中介变量的设定均符合路径分析的研究假设,可以进行路径分析,本研究模型拟合情况如图 6-3 所示。

从表 6-11～表 6-13 显示的结果可知,4 个外因变量及 3 个误差变量的方差参数估计均达到了 0.05 的显著水平,表示上述 9

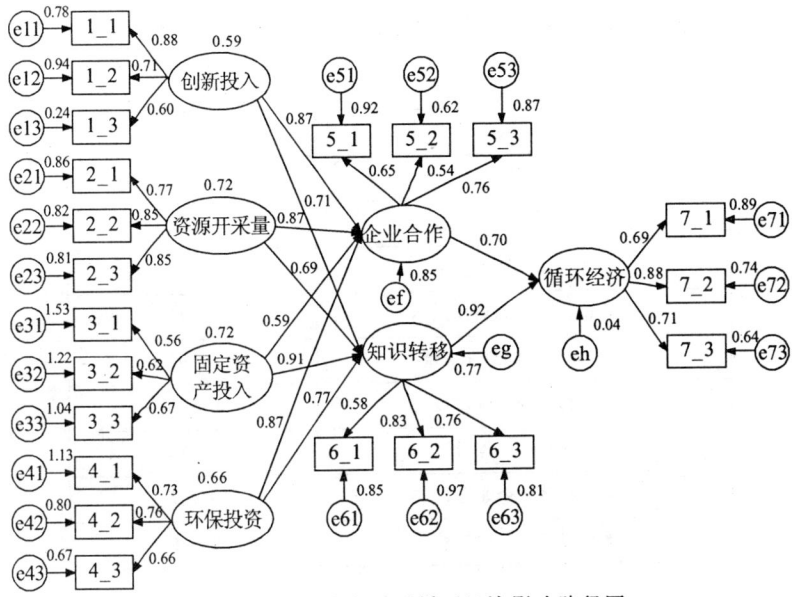

图 6-3 可持续发展对循环经济影响路径图

表 6-11 回归加权值 Regression Weights

	Estimate	S. E.	C. R.	P	Label
企业合作←创新投入	0.855	0.073	0.752	. * * *	par_31
企业合作←资源开采量	0.849	0.018	1.610	0.042	par_32
企业合作←固定资产投入	0.597	0.320	4.047	* * *	par_33
企业合作←环保投资	0.847	0.053	1.281	. * * *	par_34
知识转移←创新投入	0.701	0.163	0.608	. * * *	par_35
知识转移←资源开采量	0.699	0.141	1.317	* * *	par_36
知识转移←固定资产投入	0.906	0.012	0.501	. * * *	par_37
知识转移←环保投资	0.710	0.147	1.430	. * * *	par_38
循环经济←企业合作	0.697	0.040	1.411	. * * *	par_39
循环经济←知识转移	0.914	0.153	1.399	. * * *	par_40

表 6-12　标准化回归系数 Standardized Regression Weights

	Estimate
企业合作←创新投入	0.871
企业合作←资源开采量	0.867
企业合作←固定资产投入	0.591
企业合作←环保投资	0.867
知识转移←创新投入	0.711
知识转移←资源开采量	0.697
知识转移←固定资产投入	0.915
知识转移←环保投资	0.773
循环经济←企业合作	0.707
循环经济←知识转移	0.919

表 6-13　方差参数估计 Variances

	Estimate	S.E.	C.R.	P	Label
创新投入	0.118	0.045	2.609	0.009	par_42
资源开采量	0.724	0.187	3.869	***	par_43
固定资产投入	0.065	0.031	2.108	0.035	par_44
环保投资	0.280	0.091	3.087	0.002	par_45
ef	0.052	0.052	.681	***	par_46
eg	0.066	0.067	1.238	***	par_47
eh	0.053	0.057	1.936	0.051	par_48

个变量的方差在总体中均显著不等于 0,残差项的方差也均为正数,没有出现负的误差变异,表示模型界定有效,数据文件没

有错误。

中介变量"企业合作"被外因变量"创新投入"、"资源开采量"、"固定资产投入"、"环保投资"解释的变异量为87.7%;"知识转移"被外因变量"创新投入"、"资源开采量"、"固定资产投入"、"环保投资"解释的变异量为82.8%;中介变量"知识转移"和"企业合作"可以解释内因变量"循环经济"99.6%的变异量。

(四) 中介效应

中介效应检测的目的在于考察变量之间的影响关系(a,b)不是通过直接的因果关系连接,而是通过一个或者一个以上的变量(m)通过间接的关系相连接。在这种情况下,我们把变量(m)称为中介变量,并将a通过m影响b的间接影响称之为中介效应。中介效应是间接效应的一种,但是彼此不能等同,有两个以上的中介变量时,间接效应等于所有中介效应之和。在本研究中,4个自变量和因变量"循环经济"之间难以直接影响,而在现实的世界中难以测量的变量之间也不容易出现直接的影响,更多时候,变量与变量之间的影响是一种间接的影响。在所有变量都中心化的基础上,中介关系可以用回归方程表示,具体有以下3种方式:

$$\begin{cases} Y = cX + e_1 & (1) \\ M = aX + e_2 & (2) \\ Y = c'X + bm + e_3 & (3) \end{cases}$$

本研究拟采用的中介效应检验的具体方法是依次检验法,顾名思义,就是将以上3个回归方程依次检验。①首先检验式(1),如果c显著则进入式(2),不显著则停止中介效应的检验;②在c通过显著性检验的基础上,检验式(2),若a显著则进入式(3),不显著的话停止中介效应的检验;③在式(3)中,需要注意两个参数,在检验式(3)的基础上,如果 b 显著,则说明模型中介效应显著,若 c' 显著的话,就说明模型是不完全中介效应,反之则是完全中介效应。

但以上步骤的中介效应的检验对于较弱的中介效应检验不甚理想,容易出现接受虚无假设即作出中介效应不存在的判断,在此种情况下应当在作依次检验法的同时进行 Sobel 检验。具体步骤应当如下:①将自变量、中介变量和因变量各题项所对应的潜变量合并取均值并中心化;②检验 $Y = cX + e_1$ 中 c 是否显著,若显著,继续检验 a 与 b 是否显著,进一步判断有无中介效应;③检验式(3)中 c' 是否显著;④通过 c' 的显著性判断是完全中介效应还是不完全中介效应,c' 显著为不完全中介效应,不显著为完全中介效应。

根据以上方程进行计算,表 6-14 是对本研究中可持续发展与循环经济路径模型中两个中介变量"企业合作"和"知识转移"的中介效应分析。

表 6-14 Squared Multiple Correlations

	Estimate
企业合作	0.877
知识转移	0.828
循环经济	0.996

首先以"创新投入"和"循环经济"与"企业合作"的中介效应分析为例,进一步说明 Sobel 检验的方法及步骤。

以下是具体演算结果:

第六章 循环经济的实现路径

VARIABLES IN SIMPLE MEDIATION MODEL

Y   循环经济
X   创新投入
M   企业合作

DESCRIPTIVES STATISTICS AND PEARSON CORRELATIONS

	Mean	SD	循环经济	创新投入	企业合作
循环经济	4.9816	0.8957	1.0000	0.2594	0.5720
创新投入	5.0321	0.7488	0.2594	1.0000	0.3022
企业合作	4.8309	0.7348	0.5720	0.3022	1.0000

SAMPLE SIZE

307

DIRECT And TOTAL EFFECTS

	Coeff	s.e.	t	Sig(two)
b(YX)	0.3103	0.0779	3.9842	0.0001
b(MX)	0.2965	0.0631	4.7016	0.0000
b(YM.X)	0.6622	0.0704	9.4006	0.0000
b(YX.M)	0.3140	0.0691	1.6487	0.0006

INDIRECT EFFECT And SIGNIFICANCE USING NORMAL DISTRIBUTION

	Value	s.e.	LL95CI	UL95CI	Z	Sig(two)
Effect	0.1963	0.0469	0.1044	0.2883	4.1861	0.0000

BOOTSTRAP RESULTS For INDIRECT EFFECT

	Data	Mean	s.e.	LL95CI	UL95CI	LL99CI	UL99CI
Effect	0.1963	0.1960	0.0583	0.0869	0.3240	0.0664	0.3712

NUMBER OF BOOTSTRAP RESAMPLES

1000

FAIRCHILD ET AL. (2009) VARIANCE IN Y ACCOUNTED FOR BY INDIRECT EFFECT:

0.2590

由结果可知,总效应、中介效应与间接效应均已达到显著,其中 c 值为 0.3103, a 值为 0.2965, b 值为 0.6622, c' 值为 0.3140,中介效应解释了自变量 25.9% 的方差,中介效应占总效应比值 effect=ab/c=0.2965×0.6622/0.3103=0.6327,由于 c' 显著,故自变量与因变量之间存在部分中介效应,中介效应占总效应的比值为 63.27%。

从表 6-15 可以看出,中介变量"企业合作"与"知识转移"在可持续发展与循环经济的路径关系中全部存在中介效应。其中"企业合作"在"固定资产投入"与"循环经济"路径之间存在完全中介效应,"知识转移"在"创新投入"与"循环经济"路径之间存在完全中介效应,其余各条路径之中存在不完全中介效应。

(五) 模型检验

对于结构方程模型进行检验,主要考察的指标就是各种拟合指数。关于拟合指数的研究一直是学者们关注的焦点,从最早 Tucker 和 Lewis 所提出的 TLI(Tucker、Lewis,1973)到 Marsh 和 Balla 提出的 NTLI(Marsh、Balla,1996),在文献上被正式应用过的拟合指数超过 40 个,于是问题就摆在了我们面前——到底哪些拟合指数可以被认为是有效的?一般说来,从不同的角度出发,会有不同的意见和结论。例如以相对拟合指数和近似误差均方根来说,传统上一般认为相对拟合指数大于 0.9 而近似误差均方根小于 0.08 被认为是可接受的,而 Bentler 的研究表明,对极

表 6-15　模型中介效应分析

	c' 值	方差解释比	中介效应比	显著性	中介效应
创新投入和循环经济与企业合作的中介效应分析	0.3140	25.9%	63.27%	0.006	部分中介效应
资源开采量和循环经济与企业合作的中介效应分析	0.1556	13.55%	45.31%	0.0297	部分中介效应
固定资产投入和循环经济与企业合作的中介效应分析	0.0492	13.75%	77.53%	0.4619	完全中介效应
环保投资和循环经济与企业合作的中介效应分析	0.1574	13.35%	44.66%	0.0221	部分中介效应
创新投入和循环经济与知识转移的中介效应分析	0.1442	15.29%	58.17%	0.0612	完全中介效应
资源开采量和循环经济与知识转移的中介效应分析	0.3289	16.53%	24.32%	0.0000	部分中介效应
固定资产投入和循环经济与知识转移的中介效应分析	0.2199	16.29%	42.44%	0.0035	部分中介效应
环保投资和循环经济与知识转移的中介效应分析	0.1733	13.78%	34.81%	0.0045	部分中介效应

大似然估计(ML)和广义最小二乘估计(GLS)来说,RMSEA值取小于0.06更为合适(Bentler,1996)。以上两种不同的标准表明了在不同限定条件下对拟合指数的选取差异,虽然后者明显更为苛刻,但极有可能成为未来唯一的标准而被人们更加重视。

　　判断一个拟合指数是否足够好,最好的检验方法就是看其受样本容量影响的大小。这是一个很简单的判断方法,在理论上也有着较为清晰的解释:一个易受样本容量影响的拟合指数或者说一个拟合指数会随着样本容量大小的影响而产生系统的变化,那么由这种样本所计算出的指数一般来说是总体的有偏估计,用它来检验模型,很可能会出现这种情况——结论会随着样本容量的大小而变化,这样我们很难知道在何种样本容量下会有较为理想的结论。Marsh 曾经使用蒙特卡洛方法(Monte Carlo)对各种真模型与误设模型进行了检验,讨论了超过 30 个较流行的拟合指数和样本容量之间的关系,发现仅有 TLI 不受样本容量大小的影响(Marsh,1996)。

指数 TLI(非正态化拟合指数)一般被认为是最关键的检验拟合指数之一,但是其缺陷在于取值范围过大($0\sim1$),这就会使人认为不宜判断出两种存有微小偏差的预设模型之间的差异。其余拟合指数出现的出发点都在于对 TLI 不满足的情况下,NFI(标准拟合指数被认为是更加可靠的)就是其中之一。Bentler 和 Bonett 提出了一个 0.9 的准则,认为 NFI 的指数范围在 $0.9\sim1$ 之间是普遍被接受拟合程度较好的,而在这个范围之外则是不好的拟合(Bentler、Bonett,1980)。比较拟合指数(CFI)同样不宜受到样本容量的影响,Bentler 认为在基于小样本的模型估计中,CFI 比其他的指数的标准差都要小,所以是一个可靠的拟合指数(Bentler,1992)。另外,近似误差均方根(RMSEA)也是检验结构方程模型中重要的拟合指数,近似误差均方根由 Steiger 与 Lind 于 1980 年提出。近似误差均方根的本质在于将离中指数(NCP)重新标度后得到的 DK 规范化后得到 PDF,其与自由度的比值就是 RMSEA(近似误差均方根)(Steiger、Lind,1980)。RMSEA 的优点在于其受到样本容量的影响不大,对只有少量参数的误设模型具有一定的敏感性,其取值范围一般认为低于 0.1 是可以接受的,低于 0.05 是较好的拟合(Steiger、Lind,1980)。

以上讨论的拟合指数都是检验结构方程模型的重要标准,对于本研究所提出的模型应当基于以上指数进行进一步的检验,模型总体拟合检验见表 6-16。

表 6-16 模型总体拟合检验

拟合指标	指标值	拟合情况
显著性概率 P	0.579	符合要求
拟合优度卡方值 χ^2	253.691	拟合较好
拟合优度指数 GFI	0.921	拟合较好
调整拟合优度指数 AGFI	0.903	拟合较好
比较拟合指数 CFI	0.973	拟合很好
近似误差均方根 RMSEA	0.049	拟合较好
标准拟合指数 NFI	0.955	拟合很好
非正态化拟合指数 TLI	0.915	拟合很好

由表 6-16 可知,整体模型适配度检验的卡方值在自由度等于 127 的情况下是 253.691,显著性概率为 $P=0.579>0.05$,未达到 0.05 显著水平,接受虚无假设,表示修正过的理论模型可以与样本数据适配。再由 CMIN/DF(卡方与自由度比值)= 251.492>2.000,RMSEA=0.049<1,GFI=0.921>0.9,NFI= 0.955>0.9,AGFI=0.903>0.9,RFI=0.964>0.9,IFI≥0.9,TLI=0.915>0.9,CFI=0.973>0.9,均达到标准,FMIN=0.001,接近于 0。预设模型的其他指标均低于独立模型的数值,表示整体模型适配度良好,经过修正的理论模型与实际数据可以适配。

二、讨论

(一)假设检验

通过以上统计学意义上的分析,对本研究的 14 个研究假设进行检验。从模型的拟合情况来看,本研究的理论假设在统计学层面上有较好的解释能力。本研究的假设检验情况具体如表 6-17 所示。

表 6-17 研究假设检验

研究理论假设	检验结果
H1:创新投入因素是可持续发展的关键影响因素之一	支持
H2:资源开采量因素是可持续发展的关键影响因素之一	支持
H3:固定资产投入因素是可持续发展的关键影响因素之一	支持
H4:环保投资因素是可持续发展的关键影响因素之一	支持
H5:企业合作对可持续发展和循环经济之间的路径关系存在中介效应	支持
H6:企业合作能力的提升有利于循环经济形态的实现	支持
H7:知识转移对可持续发展和循环经济之间的路径关系存在中介效应	支持
H8:知识转移程度的提升有利于循环经济形态的实现	支持

由表 6-17 可知,本研究的理论假设在统计意义层面均获得了支持,但是验证性因子分析与路径分析除了通过回归方程进行检验之外还需要使其在理论层面达成同一的意义,接下来,本书将结合实证的对象和相关理论进行讨论。

(二)进一步讨论

本章主要的目的就是发现可持续发展与循环经济形态之间的具体关系。在这个前提下,必须首先对可持续发展进行测量,本章运用了验证性因子分析来确定影响可持续发展的若干关键因素，并用它们对"可持续发展"进行测量。通过对问卷调查和访谈结果的归纳分析，发现"创新投入"、"资源开采量"、"固定资产投入"、"环保投资"4个变量与"可持续发展"之间存在较强的关联，遂采用验证性因子分析对其进行了验证，统计结果很好地支持了预设的4个外因潜变量。

可持续发展的精神在于在保持经济发展的同时，进一步降低对自然环境的压力和尽量减少对自然资源的依赖。明确了这一种精神，那么便很好理解上述4个变量为什么可以解释"可持续发展"。任意一个地区的自然环境压力的主要来源便是其人口数目，当人口数量超越了该地区的环境承载力时，该区域必将走向一条和"可持续发展"的精神相左的路线，所以，创新投入速度这一变量在可持续发展的实现中作用是关键的。可以说，对于可持续发展的实现而言，创新投入速度是一个首要考虑的因素，因为不论使用任何新技术或者对环境保护有利的政策，如果不能控制人口的增长速度，那就只能是一纸空谈。社会发展是一个复杂的系统，任何初始条件的变动都会对系统产生强烈的震荡，由于"可持续发展"并非简单地仅仅只为了降低自然环境的压力或减少资源的消耗，而是同时还要兼顾经济增长，所以人口的增长速率在这种情况下显得非常重要。

资源开采量是判断一个地区资源使用效率的重要指标。观察一个地区是否实现了可持续的发展，其资源利用率是一个重要的参考指标，因为可持续发展的目的就是要通过对资源的合理利用来实现经济社会的永续发展。对于现存的经济形态来说，经济增长对资源的依赖性很强，不可能一味地降低资源的开采量来实现对自然环境的减压。应当比照多项指标，综合考虑，社会系统复杂而多变，对任一项指标进行调整都会导致整个系统的不规则震荡,所以对资源开采量进行调整必须全盘考虑,既要降低对资源的依赖,又不能影响到经济社会的正常发展。

固定资产投入对于可持续发展具有重要的影响。固定资产投资是经济社会进行社会固定资产再生产的主要手段。通过建造或购置固定资产的活动,使得新技术在经济系统中的应用速度加快,成立新兴部门,并且进一步调整产业结构和生产力的地区分布。可持续发展的最终目的是要实现经济形态的升级,转变目前这种重度依赖资源消耗的经济增长方式。而实现这种转变的过程需要有新技术的刺激,这种"刺激"最直接的来源方式便是固定资产投资,固定资产投资是实现社会资产再生产的最有效手段,它除了会带来新技术,同时在一定程度上会对现有的产业布局产生影响,这就有可能实现经济形态的有效转变,并进而降低对资源的依赖,减轻自然环境的压力,从而实现可持续发展。

环保投资是一个对可持续发展有着直接影响的关键因素,因为可持续发展要实现环境与经济的平衡发展。这种平衡发展一方面依赖于新技术的投入和产业结构的调整,另一方面则需要对环境保护实施投资,这是 种最直接、最有效的方式。对自然环境而言,在经济增长的同时,对其没有影响是不可能的,现有的经济增长方式决定了要维持经济增长必须优先考虑对资源的利用情况,而对资源进行开发利用,不对环境造成负面的影响是不现实的。要实现区域的可持续发展,必须在经济增长的同时优先考虑运用合理的投资方式将对自然环境的影响降到最低,以实现减轻自然环境压力的目标。

综上所述,实现可持续发展必须考虑上述 4 个关键因素,其对可持续发展的实现有着最为直接的影响。但是对于循环经济形态而言,我们不能认为可持续发展能够等同于循环经济,因为虽然循环经济的目的之一是实现可持续发展,但是更重要的是循环经济希望实现资源的循环利用,以保证经济社会的永续发展。由于可持续发展理论的研究已有相当的成果,而对于循环经济的研究结论却并不可靠,要想通过对可持续发展的研究来对循环经济形态的形成原因进行分析,必须首先明白可持续发展与循环经济之间的路径关系。我们知道循环经济与可持续发展之间的影响是非直接的,若想将其二者联系起来,就必须通过若干中介变量来实现。本研究假定"企业合作"与"知识转移"在这个路径关系中充当中介变量,这种假定的依据来源于第三章到第五章的分析。通过上文的分析,我们发现循环经济的实现依赖于一种"结构性"的创新,这种创新会破坏并且更新企业的"组件知识",而这种类型的创新依赖于企业之间高频度的合作。以以上推论为依据,本章特将"企业合作"与"知识转移"作为中介变量来对可持续发展与循环经济之间的路径关系进行讨论。

将"企业合作"作为从可持续发展到循环经济之间路径的中介,是因为本章从企业网络的角度进行分析的缘故。可持续发展的实现是一个复杂且对初始条件极其敏感的经济系统依某种规则运行的结果,而在经济系统中,企业是其组成的主体。可持续发展的精神会导致企业为了减轻自然环境压力、降低对自然资源的依赖而采取一系列的措施,而通过企业间的合作,可以消除信息壁垒以使企业降低实施上述措施的成本。比如在一个完全信息的企业网络中,任一企业都会得知其自身的废弃物是否可以成为其他企业廉价的原材料,并通过合作促使这种循环利用得以实现;而一个信息壁垒程度较高的企业网络中,这种关于废弃物与原材料之间转换的信息不能得到有效的传播,其也不可能实现物质的闭路循环。所以说,企业合作是可持续发展与循环经济之间路径关系中起着关键中介作用的变量。

另一方面,知识转移是实现"结构性创新"的关键因素。结构性创新会使企业破坏本身的"组件知识",并最终导致整个企业网络结构的变化。这是由于在单一企业内部,企业进行的创新活动都是依赖于现有的"组件知识",在此种情况下,企业难以通过一系列的创新活动改变企业在市场中的地位。只有通过企业合作,将企业内部的组件知识进行转移,与不同企业之间的组件知识进行融合,才有可能基于此实现企业的"结构性创新"。而通过第三章至第五章的研究结论,经济形态的转变依赖于"结构性的创新",由此可推得循环经济形态的实现,必也是通过"结构性创新"完成的。所以说,"知识转移"是可持续发展与循环经济之间路径关系中起着关键中介作用的变量。

第五节 本章小结

通过以上的分析,本章的研究结论大致集中在两个方面:首先,"创新投入"、"资源开采量"、"固定资产投入"、"环保投资"是可持续发展实现的关键影响因素;其次,可持续发展与循环经济之间的路径关系非直接,而是通过"企业合作"与"知识转移"两个中介变量进行连接。

本章的研究运用发放量表的方式,来考察受试对于循环经济和可持续发展之间关系的认识。样本的范围集中在可持续发展与循环经济领域的研究者和相关企业的管理人员之中,这使调研和研究的结论具有较好的信度与效度,可以认为研究的结论反映了部分客观真实的情况。在以上研究结果的基础之上,下一章将集中讨论本章研究结论在某区域可持续发展案例中的被支持情况。

第七章 河南郑州登封区域循环经济案例分析

第一节 引 言

作为世界第一产煤大国,中国煤矿无论从开矿规模还是从开采量上来说都稳居世界前列,原煤产量同比增长的幅度每年基本都在 10 个百分点左右,同时煤炭也是我国最主要的能源,占一次能源消耗构成比例的 75%。煤炭工业作为基础产业,在我国国民经济发展中有着举足轻重的作用,决定着国家经济建设方针、生产力布局规模、建设速度等。由于煤炭的生产和消费量的不断增长,特别是进入 21 世纪以来,煤矿企业开发强度不断增大,产量猛增,消费增长过快,产量与经济增长的矛盾日益明显。

研究经济系统的可持续发展能力,本质上就是研究经济系统投入与产出之间的动态平衡关系。研究煤炭资源开发与经济社会可持续发展之间的关系,提出科学的煤炭资源开发方案,是实现煤矿企业与区域经济社会可持续发展的重要途径。本研究着眼于微观层面,立足服务煤矿企业与区域经济社会,通过对登封市的调查研究,分析了区域经济系统、环境系统、煤矿生产系统以及区域社会系统之间的关系,并力求在此基础上提出登封地区可持续发展的系统仿真模型,以期对实现登封地区的可持续发展提出科学的方案。

煤炭资源是不可再生资源,具有耗竭性。在我国,煤炭作为拉动社会发展的最主要的能源方式,其开发强度必定超过了其他能源种类。随着社会的发展进步,对于煤炭的需求也会日益增大,必将使其处于储量高消耗的状态之中。2008年我国原煤产量27.16亿吨,同比增长达到了7.65%。

登封地区地处河南中部,煤炭资源蕴藏量丰富,已探明的原煤储量超过100亿吨,煤炭产值在全市生产总值中的比重超过45.1%,煤炭工业对区域经济的拉动作用明显。在这种情况下,如何提高煤炭资源的利用率,减少开采对环境的影响,并最终实现资源的持续利用,已经成为保证登封地区经济社会可持续发展最重要的问题。矿产资源是支撑社会经济发展的物质基础,矿产资源的永续利用是保证经济社会可持续发展的重要前提。

第二节 回 顾

煤炭资源在我国的经济建设中具有极其重要的战略地位,强而有力地支持了我国的社会主义建设,在我国的能源结构中的作用不言而喻。煤炭资源的开发是通过煤矿企业的运营实现的,故要保证煤炭资源开发利用的可持续发展,就必须保证煤矿企业的可持续发展。在对煤矿企业生产经营方面的研究上,目前有学者从对煤炭开发系统各影响因素进行系统基模分析的基础上,利用系统动力学的方法,构建了煤矿开发能力预测的模型(冯贵秀,2006),并对不同的方案进行预测,明确开发的具体思路。对煤矿企业来说,煤矿开发能力预测的模型应能够充当"政策实验室"的角色,可以通过情景分析对煤矿的未来发展情况进行仿真预测和政策分析(孙玉峰,2008)。还有学者以矿区工业生产动态物流系统图为基础,对矿区工业生产系统、矿区社会经济系统、生态环境系统和管理决策系统之间的联系进行了研究,建立了矿区工业生态经济动力学系统模型(陈引亮,2003)。

煤炭的运输能力与生产能力之间存在矛盾,部分煤矿企业存在以运定产的现象,导致我国部分地区煤炭无法有效供给。针对此问题,有学者研究了煤炭市场供需平衡问题的相关影响因素与煤炭供需矛盾的特征,并进一步利用系统动力学的方法建立了煤炭市场供需平衡的系统动力学模型,在此基础上对模拟结果进行分析,分别对供给、需求和运输提出对策(林晗,2006)。同时,也有学者针对资源和环境问题对煤炭工业可持续发展的影响,通过研究,建立了煤炭工业可持续发展的系统动力学模型,并对煤炭资源开采年限进行模拟,发现资源承载力和环境承载力是制约煤炭工业可持续发展的最主要因素(李龙清,2006)。此外,还有学者根据我国煤炭生产供应的实际情况,构建了煤炭生产供应系统动力学模型,并对煤矿供应能力开展了投资政策分析(杨瑞广,2005)。

目前,我国煤炭行业已基本实现了市场化,但是依然存在着价格扭曲的现象,价格难以体现煤炭资源本身的稀缺程度,不能反映煤炭生产消费的外部成本,供求矛盾突出,且稳定性较差。基于此问题,有学者提出了给予可持续发展的全成本煤炭价格构成框架,运用系统动力学的方法构建了动态经济系统的煤炭价格形成模型(周传爱,2007)。

可持续发展的理念诞生于20世纪80年代,其主要精神是既要满足当代人的需要,又不对后代人满足其需要能力构成危害的发展。理论和实践表明,国家社会的发展取决于人口、资源、环境及社会经济等多个方面的因素,要实现经济社会的稳定发展,就必须使这些方面高效、持续地发展。从发达国家工业化的实践进程来看,生态环境在现实经济社会发展中遭到了严重破坏,导致了人们对于保持生态环境和经济社会持续发展的要求,进而催生了可持续发展的理念。

矿产资源作为国民经济的命脉,是社会经济发展的基础,社会经济的稳定、可持续发展依赖于矿产资源的可持续供给,这就要求解决不可再生的矿产资源对社会经济发展的持续性保障的需求问题。作为我国的支柱能源,煤炭资源在我国的经济建设中起到了至关重要的作用,如何对煤炭资源进行适度地、合理地开发,对于保证我国提高煤炭资源利用率、延长煤炭可采年限、实现区域可持续发展具有非常重要的意义。

从系统科学的角度来看,煤炭产区是由人口系统、经济系统、生产系统、环境系统等子系统在一定的时间、空间条件下耦合而成的复杂巨系统,煤炭城市的可持续发展过程就是该复杂系统在动态演化过程中不断形成耗散结构,且不断高级化的过程,图7-1是本书研究的煤炭产区可持续发展的因果关系回路。

由图7-1看出:①投资和劳动力增加,使得煤炭产量增加,提高产值,拉动区域经济增长;②产量增加,导致资源消耗,环境污染,致使环境容量降低,进而使得环境承载力降低,无形中增加了环境保护的成本投入,最终制约区域经济的进一步增长。

在上述的回路图中,从系统结构的角度出发,解释了投资规模、工业产量、经济效益、环境及资源载荷等主要因素对煤炭产区产业结构和经济布局的影响和作用,煤炭产区系统所呈现的动态行为,是这些反馈回路共同作用的结果。

煤炭产区经济社会的可持续发展的目标是:节约资源、保护环境、发展经济、社会稳定。经济社会的发展实际上要受到多种因素的制约,综合考虑各单项因素对系统整体动态行为的影响有

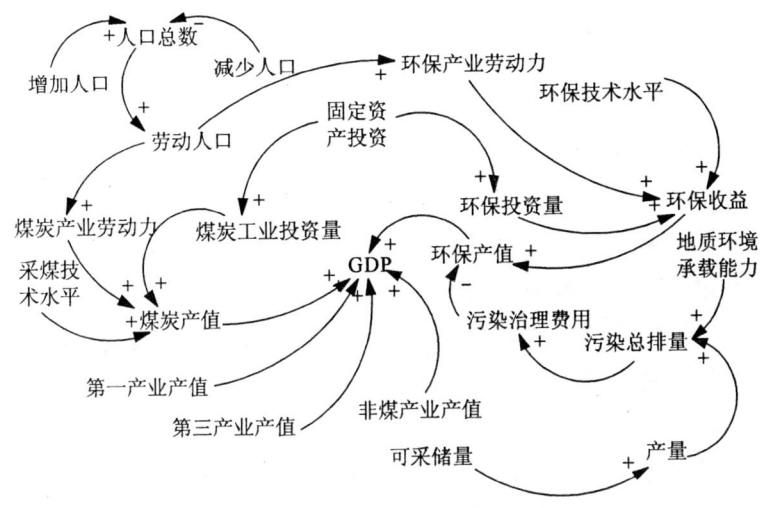

图 7-1 煤炭产区可持续发展因果关系回路

利于探究实现煤炭产区经济社会可持续发展的途径。

基于上述分析,可提出以下假设:

H1:通过提高固定资产投资率、煤炭工业投入率、煤矿就业率以及开采系数,可以提高煤矿工业产值,拉动经济增长,实现可持续发展;

H2:通过降低固定资产投资率、煤炭工业投入率以及开采系数,提高环保产业投入率以及环保产业就业率可提高环保产值,延长煤炭开采年限,优化生态环境,实现可持续发展;

H3:通过有效控制人口增幅以及合理调低开采系数,但不降低环保产业及煤炭工业投入率,可降低资源环境承载负担,延长开采年限,保持经济稳定发展,实现可持续发展。

第三节 方 法

系统动力学 SD(System Dynamics)是由美国麻省理工学院的 J W 福霍斯教授提出的研究系统动态行为的一种计算机仿真技术。它是根据系统论、控制论、信息论以及大系统理论等有关理论和方法建立起来的一种数学模型,是研究高度非线性、高阶次、多变量、多重反馈复杂系统的一种定量方法。系统动力学方法早期研究对象是以企业为中心的工业系统,主要分析生产管理、库存管理等企业问题的系统仿真方法。随着时代的发展,系统动力学已经广泛运用于研究城市经济发展、企业经营管理、宏观经济规划、能源规划、工程系统等许多领域。

由于系统动力学是分析研究信息反馈系统的科学,并且可以通过建立仿真模型来分析研究社会、经济、生态等一类复杂大系统及其复合系统。所以从本质上说,运用系统动力学的理论和方法解决问题的过程就是系统优化的过程,可以深入剖析系统,揭示系统内外部各因素之间的关系,并为预测系统的发展趋势提供科学的依据,以达到优化系统结构的目的。基于以上因素,本书拟采用系统动力学的方法进行研究,系统动力学的建模主要包含下列 5 个步骤:

(1) 确定系统边界。明确研究问题,确定关键变量和时长,考虑关键变量的参考模式。

(2) 提出动态假说。通过现有理论对问题的解释,提出一个由于系统内部的反馈结构导致动态变化的假设。

(3) 建立方程。明确决策规则,确定参数、行为关系及初始化条件,并对目标和边界的一致性进行检测。

(4) 测试。考察模型是否能再现过去的行为模式,并进行其他各类测试。

(5) 政策设计与评估。具体化方案并设计政策,并对设计政策的效果、灵敏性、耦合性等进行评估。

一、界定边界

煤炭资源开发系统是一个由自然系统和人工系统混合构成的,包含有多种因素在内的复杂实体系统,其受到煤炭资源的勘探、矿井建设投资、煤炭需求、矿区环境保护等多种因素的影响。从上述的煤炭产区可持续发展的因果回路出发,借助系统动力学的理论方法,确定本研究的模型构建过程如下。

本研究的研究标的为煤炭产区社会经济系统的可持续发展,在对过往文献梳理的基础上,确定煤炭产区的社会经济系统由人口系统、经济系统、生产系统、环境系统四大子系统构成,并发现投资规模、工业产量、经济效益、环境及资源载荷等因素对各系统影响显著。本次研究的地域边界为登封地区,时间边界为2009—2018年,共10年,主要历史数据由2002—2009年采集,以2009年作为仿真基年,原始参数由以下方法求得:

(1) 通过统计年鉴,对历史数据求算术平均数。这类数据主要包含人口出生率(0.093)、死亡率(0.063)、迁入率(0.05)、迁出率(0.03)、煤炭产值增长率(0.3)、固定投资增长率(0.15)、环保产业就业率(0.00408)、煤矿就业率(0.032)等。

(2) 通过对各变量之间的方程关系推算。这类数据主要包含"采煤技术因子"与"环保技术因子",以及"地质资源承载力"和"地区环境承载力"。本研究对采煤技术因子与环保技术因子的计算采用柯布·道格拉斯生产函数模型,通过计算得出上述两个参数。式(7-1)中，Q 代表煤炭产量与环保效益值，K 代表煤矿劳动力与环保产业，L 代表劳动力，A_t 代表技术因子，α 代表资本弹性系数，β 代表劳动力弹性系数：

$$Q = A_t K^\alpha L^\beta \qquad (7-1)$$

参数"地质资源承载力"选择矿产资源储量、水资源储量、可耕地面积、人口总数 4 个变量进行测算，具体计算模型见式(7-2)：

$$C_n = \frac{1}{2}\left(\frac{P_f}{R_f}R_t + \frac{P_f}{W_f}W_t + \frac{P_f}{L_f}L_t\right) \qquad (7-2)$$

式(7-2)中，C_n 是地质资源承载力，P_f 是参照区人口总量，R_t、W_t、L_t 分别是研究区矿产资源储量、水资源储量和可耕地面积，R_f、W_f、L_f 是参照区的矿产资源储量、水资源储量和可耕地面积。模型中研究区各参数采自登封地区，参照区的参数采用河南省历史统计数据。

参数"地质环境承载力"的模型同上，选择的变量包括原煤产量、污水排放量、废气排放量(模型中选取二氧化硫的排放量为指标)以及固态废物排放量(模型中选取烟尘排放量为指标)。

(3)运用线性回归方法确定。运用该方法确定煤炭产量与污染总排放量之间的关系，社会总人口与劳动人口之间的关系等。

以上所有历史统计数据来源于《河南统计年鉴》(2001—2008年)以及《中国煤炭工业年鉴》(2001—2007年)。

二、变量选取

煤炭资源的生产开发与矿区区域经济社会构成了一个复杂的系统，涉及众多方面，由于本研究的研究标的为煤炭产区区域经济社会系统的可持续发展，故研究模型应当对研究其内部运动规律提供有效的支持。已知煤炭产区区域社会经济系统包含经济子系统、社会子系统、生产子系统和环境子系统,并且通过图7-1已经明确系统内部的反馈回路的关系。社会子系统由人口总数、迁入人口、迁出人口、劳动人口等变量构成;环境子系统由环保收益、污染治理费用、地质环境承载力、污染总量、环保投资量、环保技术因子等变量组成;生产子系统由煤矿劳动力、煤炭投资量、开采技术因子、产量、可采储量、煤炭产值等变量组成;经济子系统由固定资产投资、国民生产总值、固定资产投资增长率以及各产业生产总值等变量组成。其中,由变量"环保产业劳动率"、"人口环境资源消耗量"、"地质资源承载力"将环境子系统与社会子系统对接,由变量"劳动人口"与"煤矿劳动力"将生产子系统与社会子系统对接,由变量"产量"与"污染排放总量"将环境子系统与生产子系统对接,通过变量"固定资产投资"、"煤炭工业投资量"、"环保投资量"将经济子系统分别与生产子系统、环境子系统对接,具体系统流图见图7-2。

三、预测试

对构建的系统模型进行测试检验,应当从灵敏度和有效性两个方面进行。敏感度检验是指对政策的敏感度和结构的敏感度进行检验;有效性是指模型是否能再现现实生活,是否与现实保持一致。通过用 VENSIM PLE 软件(Realty Check)对模型的有效性进行了测试,测试结果良好,满足要求,符合实际情况。通过对模型的敏感度检测,比较模型运行的敏感性运行结果与前一运行结果,发现政策性的参数对模型整体的动态运行结果影响较大。经过分析,发现其原因是因为这些政策性参数如固定资产投资、固定资产投资增长率一般处于系统对接处,故影响显著。

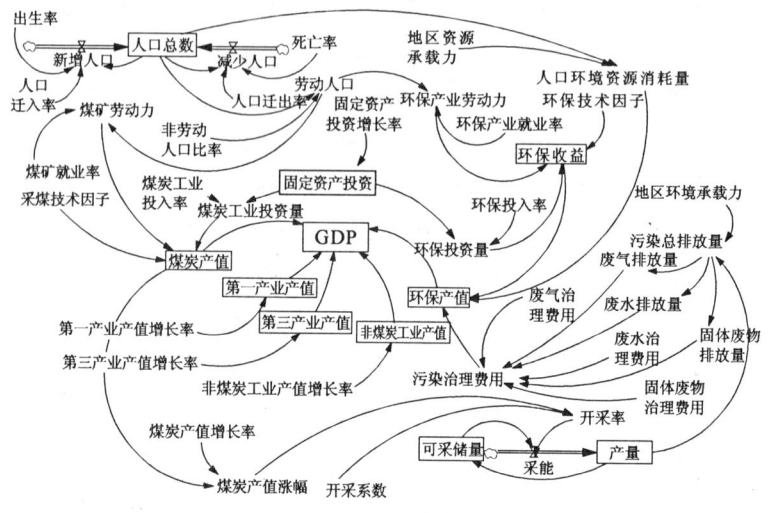

图 7-2 煤炭产区社会经济环境系统流图

满足煤炭产区经济社会可持续发展的要求,就必须实现产值的增长、生态环境的优美、社会的和谐稳定,资源的永续利用。通过模型(图7-2)我们可知各子系统之间的关系是动态变化的,仅对某一项进行模拟难以真实地反映各系统的内在关系,只有对系统内各单因素对整个系统动态的影响进行实验,才能最大程度地对实际情况进行模拟预测。

基于研究的边界与研究假设,本研究选取 3 种登封地区经济社会的发展模式进行调控实验,实验中选取的可调参数要求对系统本身影响显著。参照以上原则,确定变量"固定资产投资增长率"、"煤炭工业投入率"、"环保投入率"、"开采系数"、"出生率"、"煤矿就业率"、"环保产业就业率"为可调参数,调控范围详见表 7-1。

表7-1 登封地区发展模式可调参数

模式	固定资产投资增长率	煤炭工业投入率	环保投入率	出生率	煤矿就业率	环保产业就业率	开采系数
模式1	0.20	0.07	0.009	0.075	0.030	0.002	0.001 0
模式2	0.15	0.03	0.012	0.070	0.025	0.004	0.000 8
模式3	0.18	0.05	0.01	0.070	0.030	0.004	0.000 9

第四节 结 果

一、模拟运算

根据表7-1参数的可调范围,本研究使用VENSIM PLE软件对系统模型进行模拟运算,运算结果详见表7-2。

表7-2 模型模拟运算结果

	模式	2009	2010	2011	2012	2013	2014	2015	2016	2017	2018
国民生产总值	模式1	760	835.9	919.7	1 012	1 114	1 227	1 352	1 490	1 642	1 810
	模式2	690	751	818	891	971	1 059	1 155	1 261	1 376	1 503
	模式3	794.7	862	935.5	1 016	1 104	1 200	1 305	1 420	1 545	1 683
煤炭产值	模式1	267.7	297.0	329.5	365.5	405.5	449.8	499.0	553.5	614.0	681.2
	模式2	121.7	132.3	143.9	156.4	170.0	184.9	201.0	218.5	237.6	258.3
	模式3	228.3	246.4	266.0	287.1	309.9	334.5	361.0	389.7	420.6	454.0
环保产业产值	模式1	−5.57	−4.26	−2.86	−1.38	0.21	1.91	3.72	5.66	7.73	9.95
	模式2	70.44	75.47	80.75	86.30	92.13	98.25	104.67	111.4	118.5	125.9
	模式3	68.59	72.46	76.48	80.67	85.05	86.60	94.34	99.29	104.4	109.8

续表 7-2

	模式	2009	2010	2011	2012	2013	2014	2015	2016	2017	2018
煤炭产量	模式1	267.7	297	329.5	365.5	405.5	449.8	498.9	553.5	614	681.2
	模式2	121.7	132.3	143.9	156.4	170	184.9	201	218.5	237.6	258.3
	模式3	228.3	246.4	266	287.1	309.9	334.5	361	389	420	454
人口总数	模式1	500	506	512	518.2	524.4	530.7	537.1	543.5	550.1	556.6
	模式2	500	506	512	518.2	524.4	530.7	537.1	543.5	550.1	556.6
	模式3	500	503.5	507	510.6	514.1	517.7	521.4	525	528.7	532.4
环保收益	模式1	25.95	27.47	29.08	30.78	32.58	34.49	36.51	38.64	40.90	43.30
	模式2	102.0	107.1	112.5	118.1	124.0	130.2	136.8	143.6	150.8	158.4
	模式3	100.1	104.1	108.3	112.7	117.2	121.9	126.8	131.9	137.2	142.8
污染排放总量	模式1	13.45	13.54	13.63	13.73	13.82	13.91	14.00	14.08	14.16	14.23
	模式2	13.45	13.49	13.53	13.57	13.61	13.65	13.70	13.75	13.79	13.84
	模式3	13.45	13.52	13.59	13.66	13.73	13.80	13.87	13.94	14.00	14.06
可采储量	模式1	10.8	9.932	9.047	8.153	7.259	6.376	5.515	4.690	3.911	3.191
	模式2	10.8	10.44	10.07	9.681	9.272	8.846	8.405	7.948	7.479	6.999
	模式3	10.8	10.13	9.46	8.781	8.1	7.422	6.752	6.094	5.453	4.834

二、结果分析

从模型模拟运行的结果来看,本研究选取的 3 种登封地区经济社会发展模式各有侧重,模式 1 明显可以看出具有强劲的经济增长力;模式 2 对生态环境的保护更为关注;模式 3 则是从各方面平衡发展的角度出发。下面对以上 3 种模式的运行结果进行具体分析。

(一)模式1:优先经济发展

登封地区煤炭储量丰富,煤炭工业作为支柱产业,对区域经济的贡献力可观,煤炭工业产值在地区国民生产总值中的比重接近40%。在目标区域优先经济发展,就是要把煤炭工业作为拉动经济的主要增长点。从表7-1预设的可调参量来看,考虑到煤炭工业的发展需投入大量的资金,故将固定资产投资率提高到0.20,将煤炭工业投入率设置为0.07,将开采系数提高到0.0010,并进一步提高煤矿的就业率(0.03),增加有效劳动力。

计算结果显示,该模式对区域经济拉动明显,指标"国民生产总值"在3种模式中增长距离最大,达到了1810亿元,分别比其他两种模式高出307亿元和127亿元。从煤炭产值进一步分析发现,模式1拉动经济增长的最主要动力来自于煤炭产值,终值达到了681.2亿元,分别比其他两种模式高出422.9亿元和227.2亿元。但是同时也发现,模式1的污染排放总量明显高出其他两种,为14.23亿吨,分别高出0.39亿吨和0.17亿吨,这也直接导致其环保产值(9.95亿元)大幅低于其他两种模式(125.9亿元,109.8亿元)。

(二)模式2:优先环境保护

从实际情况出发,考虑到实现环境保护,必须有效降低污染排放,在技术因子不变的情况下,必须降低产量才可以实现污染排放的降低,故将固定资产投资率设定为0.15,环保的投入率提高到0.012,煤炭工业投入率降低至0.03。在加大对环保产业投入力度的同时,提高环保产业的就业率(0.004),增加有效劳动力,并进一步降低开采系数(0.0008),以减少对不可再生资源的开发,同时通过降低出生率(0.070),减轻环境与自然资源的压力。

计算结果显示,该模式的污染排放量最低(13.84亿吨),低于其他两种模式(14.23亿吨,14.06亿吨),在环保收益方面也优势明显，为158.4亿元，分别高于其他两种模式115.1亿元和15.6亿元，环保产值(125.9亿元)超出模式1达115.95亿元。但是该模式的不足同样明显，经济拉动能力较弱，区域国民生产总值分别低于其他两种模式307亿元与180亿元。

(三) 模式3：各方面平衡发展

无论模式1或模式2都存有过于偏向发展状态的某一极的问题，模式1经济发展动力强劲，但是代价是牺牲生态环境；模式2加大对环境保护的力度，但是经济拉动能力有所欠缺。实现可持续发展，就是要实现资源的永续利用、经济的健康发展、社会的和谐稳定和生态环境的宜居。这就要保证经济的平稳发展，同时也必须兼顾环保，降低不可再生资源的利用率。基于以上原因，将出生率降至0.070，与模式2持平，缓解资源与环境的承载负担，适当加大开采系数(0.000 9)并提高煤炭工业的投入率(0.05)，以保证经济的平稳发展，相对于模式1增加环保产业的投入率(0.01)以增加环保收益。

通过模型计算结果可知，该模式的经济增长动力较强(1 683亿元)，高于模式2约180亿元，与模式1差距为127亿元；在煤炭产值方面，为454亿元，与模式1差距为227.2亿元，说明模式3的经济增长对煤炭产值增长的依赖性减弱；模式3的环保产值为109.8亿元，接近于模式2(125.9亿元)，远高于模式1的9.95亿元；模式3的可采储量终值为4.834亿吨，高于模式1的可采储量终值(3.191亿吨)，略低于模式2的可采储量终值(6.999亿吨)。

通过以上3种模式的对比发现，模式3在保证经济稳步增长的同时，持续降低产能，有效延长了煤炭的开采年限。在降低煤炭产量的同时，控制人口的增长率，减轻了环境资源的承载负担。

同时加大对环保产业的投入,有效控制了污染的排放,减少工业生产对环境的压力,环保产业产值增长明显,在带动区域经济发展的同时,弱化了区域经济对煤炭工业产值的依赖性,真正实现了可持续发展。

第五节 本章小结

通过以上的分析计算,本章得出的主要结论可大致归纳如下:

(1)模式1仅通过提高固定资产投资率、煤炭工业投入率以及开采系数虽然可以明显带动区域经济增长,但同时会增加环境资源承载负担,降低环保产值,可采储量消耗过快,不能实现煤炭产区可持续发展,假设1不成立;

(2)模式2仅通过降低固定资产投资率、煤炭工业投入率以及开采系数虽然可降低环境资源的承载负担,增加环保产值,但对区域经济拉动较弱,国民生产总值增幅偏小,不能实现煤炭产区可持续发展,假设2不成立;

(3)模式3通过有效控制人口增幅以及合理调低开采系数,降低了资源环境的承载负担,延长了煤炭的开采年限,同时不降低煤炭产业和环保产业的投入率,使得煤炭产值和环保产值共同增长,保持了经济稳定发展,区域国民生产总值增幅明显,污染排放量明显降低,可实现可持续发展,假设3成立。

煤炭产区的可持续发展有助于保持区域的经济活力,改善生态环境,延长煤炭资源的开采年限,本章的模拟结果可以为登封地区制定实现可持续发展的各项政策提供理论上的支持。

第八章 结论与展望

第一节 研究主要结论

本研究以可持续发展理论、生态工业理论以及技术创新理论为出发点,在对国内外相关文献进行理论研究之后,结合本文的研究目标与研究问题,在对目标样本实地调研的基础之上,尝试发现实现由现有经济形态向循环经济形态转变的主要原因。研究共分两个部分,其一为论证技术创新与循环经济形态实现之间的关系;其二为尝试发现可持续发展与循环经济之间的路径关系。在研究的过程中,通过量表的发放以及统计数据的收集,获取了实证研究所需的样本数据,运用数据包络分析(DEA)、结构方程模型(SEM)和系统动力学(SD)的相关理论进行了分析,分析的结果有效验证了本研究的概念模型及相关的研究假设,并通过了实证研究所需的各项指标的检验。通过上文的研究分析,可知本研究结论有如下4条。

(1)循环经济形态的实现依赖于"结构性创新"。与现有的经济形态不同,循环经济的发展不依赖于对资源的消耗,并不会对自然环境造成进一步的破坏。循环经济的目的是在一个物质闭环的系统中实现资源的循环利用,并最终实现经济社会的永续发展。由现有的经济形态向循环经济形态过渡,必须依赖于技术创新,因为只有持续的创新才能够改变固有的产业结构。"结构性创新"强调改变企业本身的"组件知识",而"组件知识"的改变对新技术的引入和产业结构的转变有着直接的推动作用。故本研究认为循环经济形态的实现依赖于"结构性创新"。

(2)结构性创新存在于企业的合作之中。结构性创新的结果是导致企业的"组件知识"改变,这种改变会最终导致经济形态的变化。但是一个单一的企业在创新的过程中难以触及自身的"组件知识",因为这种创新的出发点恰是企业自身已有的"组件知识"。企业只有在高频度的合作中,或者说在一个信息共享程度较高的企业网络中,通过实现"知识转移"来进一步诱发"结构性创新",并最终实现经济形态的改变。

(3)可持续发展与循环经济之间的路径关系通过"企业合作"与"知识转移"两个中介变量进行连接。可持续发展与循环经济的设想一样,以实现对自然环境的减压以及降低经济增长对资源的依赖程度为根本出发点。可持续发展可以看做是循环经济的一个方面,但它不能完全等同于循环经济,不能简单地将循环经济看做可持续发展的下一个阶段。可持续发展对循环经济形态实现的影响并非一个直接影响的过程,而是通过某些中介变量实现的。"企业合作"和"知识转移"提高了新技术在企业间的应用效率,并间接促成了循环经济形态的转变。

(4)"创新投入"、"资源开采量"、"固定资产投入"、"环保投资"是可持续发展实现的关键影响因素。可持续发展最重要的目的之一是降低资源的消耗量,而创新投入与资源开采量直接影响资源的利用率。加大技术创新的投入,会帮助企业提高自身的技术水平并提高资源的利用率。进行固定资产投资有利于新技术的引入和产业结构的升级,而环保投资的程度直接影响了经济社会治理污染的水平,实现清洁节能的生产方式并降低对环境的污染,是可持续发展的主旨。

第二节 启 示

一、我国煤炭行业实行循环经济试验的必要性

煤炭作为我国社会经济发展最可靠、最有保障的能源,具有不可替代性,在我国能源生产与消费中的主体地位短期内不会改变。随着我国经济的快速增长,煤炭需求量将会持续增加。长期以来,矿区一直延续纵向延伸的产业发展模式,而对自身的资源循环缺乏必要的关注和系统的研究。研究矿区的循环经济,有利于转变矿区的经济增长方式,促进煤炭资源合理开发和有效利用,缓解我国能源短缺的严峻现实。发展循环经济是矿区实现资源节约、经济发展和环境保护相协调的重要手段。

建国至今,我国的经济发展主要依赖于以粗放型经营为主、大量消耗资源为特征的发展模式。在这种发展模式下,资源的迅速枯竭、环境的严重污染和生态系统的失衡致使社会的承载能力逼近极限。过于重视扩大外延生产能力而忽视对内的二次挖掘,导致我国的经济发展陷入了"高投入、高消耗、高污染"的怪圈,其违背了经济规律与自然规律。这种落后的发展模式严重制约了我国在世界经济市场的进一步发展,使得我国的经济发展与生态环境的保护长期处于一种不平衡的状态之下。进入新世纪以来,新的经济战略布局和科学发展观的提出,要求我们必须摈弃传统的、落后的、依赖于高能耗的发展模式,转而采用可持续的、低能耗的新发展模式。我国在经济发展过程中,资源、环境、生态及经济效益四大方面一直难以平衡,过高的经济预期导致了对环境的破坏、资源的消耗以及生态系统的失衡。煤炭企业发展循环经

济,一方面是要对资源进行二次开发以寻求更多的经济增长点,另一方面也是要达到保护环境和生态系统的目的。从现在到21世纪中叶,是我国实现第三步战略目标和经济快速增长的关键历史时期,实施低碳、环保、可持续的发展模式,不仅有利于"资源节约型、环境友好型"的两型社会的建设,更有利于我国在当今国际复杂的环境下,成功实现新的经济战略布局,为我国在未来相当长的一段历史时期内的发展打下坚实的基础。

我国的现实国情是人口多,资源相对不足,更由于地域经济等原因,发展极其不均衡。煤炭作为我国主要的能源类型,无论是在国家战略需求还是国民经济发展中都处于极其重要的地位,煤炭企业的发展也影响着社会的发展。对煤炭企业实施循环经济布局,有利于对资源进行二次开发利用,提高煤产品的商业附加值,提供更多的就业岗位,带动国民经济的发展。另外目前我们解决环境污染问题的主要方式是末端治理,这种治理方式不仅投资大、周期长、效率低,企业缺乏积极性,而且往往使污染物从一种形式转变为另一种形式,使企业的经济性转变为社会的不经济性,但最终也会转变为企业的不经济,难以从根本上缓解环境压力。只有走循环经济发展之路,使企业的经济利益与社会生态利益的整体利益一致,才能从根本上解决经济发展与环境保护之间的矛盾,实现真正意义上的可持续发展。

煤炭企业实施循环经济试验,一方面的确是基于对日益逼近承载力极限的自然环境做考虑,另一方面也是在面临经济形态转变的今天帮助企业在竞争日益激烈的市场中谋求发展的重要手段。诚然,目前的经济发展对资源的依赖趋于多元,但是我国经济发展对煤炭的需求不会因此而减弱。从世界范围来看,常规能源的探明可采储量,包括煤炭、石油、天然气及水能资源共折合标准煤14667亿吨,其中煤炭占53%,石油及天然气占26%。目前实际消耗煤炭占30%,石油及天然气占62%。石油及天然气将早于煤炭走向枯竭,以煤炭替代石油将不可避免。我国常规能源的探明可采储量中,煤炭占62%,石油及天然气只占2.6%。目前实际消耗煤炭约占69%,石油及天然气约占28%。因此,我国煤炭替代石油的时期将比世界其他国家更早,而且在相当长的时期内,一次能源以煤为主的格局不会有大的改变。煤炭除了用作燃料之外,还广泛应用于钢铁冶炼,生产化肥、橡胶、塑料等。总之,煤炭作为社会经济发展的基础行业,与社会各行业、各层次均息息相关。

但是,过低的资源利用率使我国的能源安全现状不容乐观。我国的能源储量虽居世界前列,但是人均储量却远低于世界的平均水平。并且在这种状况下,由于技术条件的限制,使得我国煤炭企业的回采率普遍偏低,尤其是规模较小的企业。随着我国经济的快速增长,对煤炭的需求大幅增加,这种增长持续扰动着煤炭价格,使得大部分煤炭企业一味追求产量,以一种大量消耗资源、片面追求短期效益的方式进行生产,使得大部分的煤矿可采年限大幅缩短,仅1980年至2000年这21年间,煤炭资源的浪费就超过了280亿吨(中国煤炭经济研究会,2004)。除此之外,在煤炭开采的过程中,蕴藏着大量的伴生矿藏,由于上述原因,并没有引起煤炭企业的足够重视,造成了不可弥补的资源损失。同时,煤炭企业的生产过程有其特殊性,煤炭在开采、洗选、加工、储运、利用的过程中,不可避免地会产生大量的废弃物,会对自然环境造成严重的破坏。

以上种种原因造成了煤炭企业高消耗、高排放的客观现实,对于如何解决这些问题,循环经济的设想给了我们清晰的答案。

但是，由于经济的高速增长带来的大量需求，使得煤炭企业难以降低生产的速度来减轻自然环境的压力。因为以目前的生产力增长方式而言，对环境保护和降低资源开采量会直接影响到企业的效益，所以企业为了维持自身在市场中的位置，一般不愿意主动进行向循环经济发展模式的改造。通过本书的分析，可以看出，如果企业增强自身的创新能力，是完全有可能规避这种来自市场的风险的。随着生产力水平的不断提高，经济形态的转变不可避免，这也是日益恶化的外部环境与急剧下降的资源储量的客观要求。企业如果想在经济形态转变的过程中立于不败之地，必须保证企业可以实施持续的创新，并依赖这种"结构性"的创新推动经济形态的转变。分析的结果表明，在产业结构演化的过程中，创新能力越强的企业，受到这种结构演化带来的影响越小，越容易在市场中占据有利的位置，最终提高企业在行业中的竞争力。一种循环经济的思想有利于企业认识资源耗竭、环境破坏的客观现实，并可以在此基础之上实施有效的、持续的创新，最终使企业在经济形态的转变过程中立于不败之地。所以说，我国煤炭企业应当转变思想，积极进行循环经济的试验以保证企业的竞争力持续增强。

二、对策建议

从本书的模拟分析结果可以很清楚的看到，一个创新能力强的企业可以在产业结构的变化过程中保持持久的竞争力。这种创新能力会带给企业更大的市场份额并会降低企业的负债率。这暗示了一个观点：在经济形态的变化过程中，创新能力更强的企业会更适应新的经济形态，并持续保持较高的竞争力。煤炭作为不可再生资源，其开采的年限会随着开采量的增加而缩短，煤炭企业必须通过持续的创新来抵御因煤炭储量下降而带给企业的风险,这就预示着煤炭行业必须加快经济形态的转变,转变这种高消耗、高污染、高浪费的经济增长方式带给煤炭企业的负担。通过模拟的结果进行分析,对煤炭企业如何保持企业在市场上的竞争力,主要集中在以下两个方面。

(一)提高企业的创新能力

企业的创新能力是一个企业发展的关键所在,是一个企业实现永续发展的必由之路。目前我国经济高速增长的需求,导致了我国煤炭企业一味追求产量和规模,却忽视了煤炭企业发展的客观规律。片面追求产量直接导致煤炭开采效率低下,造成了大量的资源浪费并缩短了煤炭的可采年限。在这种情况下,煤炭企业如果不转变发展方式,很快就会因为资源的耗竭加速使企业进入其生命周期的末段。只有持续地进行技术创新,提高企业的生产效率,有效地延长资源的可采年限,才能使煤炭企业找到发展的出路。

实行循环经济试验,目的在于探寻提高资源利用率的方法,使废弃物能够进入生产环节中以继续创造经济价值。同时,实现废弃物持续利用的物质闭环可以进一步降低自然环境的压力,进一步为企业提供发展的空间。而实现这一切,必须依赖于企业持续不断的创新活动,没有技术创新的支持,不可能凭空出现废弃物的利用方式,不可能使企业出现新兴的经济增长点,更不可能加速现有经济形态的转变,更何谈提高企业的市场份额和市场的竞争力。所以,实现向循环经济形态转变,保持和增强企业的竞争力,必须加强企业的技术创新能力,以保证有效的创新活动持续进行。

(二) 加强企业之间的合作

煤炭企业进行循环经济试验,目的是为了提高自身的资源配置效率,并通过新技术的引入,实现废弃物的循环利用。这个设想的前提是企业本身可以实现一种闭环的物质循环方式。但在实际中,这种情况几乎不可能出现。从一个企业发展的角度出发,企业不可能为了实现废弃物的利用,而投资开发一个全新的产业。进入一个新的行业,企业自身所支付的技术转移成本要远远大于其处理废弃物的成本,同时还必须面临来自新行业平均技术水平和营造销售渠道的重重压力,这是不经济的,反而会造成资源配置效率的降低。循环经济的目的并非要求单一企业在其内部就可以实现物质闭环,而是最终要提高企业资源的配置效率。煤炭企业与其在自身内部开发新产业以利用废弃物,不如通过企业间的合作,将调节资源配置效率的工作交由市场进行。

通过前文的分析,可知"结构性"的创新的主要条件就是要保证企业间高频度的合作,只有通过企业合作降低企业间的信息壁垒,从而实现知识转移,提高行业平均的技术水准,才能促使经济形态转变,最终实现循环经济的增长方式。煤炭企业进行循环经济试验,不应当仅仅局限于自身内部的小循环,而应当努力尝试与行业内部其他企业之间进行合作,通过合作进行技术创新,使得行业内部各个企业均可实现废弃物的交换利用,提高行业整体的资源配置效率,进一步降低企业的成本。在这种合作过程中的创新活动,极有可能改变企业本身固有的"组件知识",从而加快经济形态转变的速度,最终实现循环经济的增长方式。

第三节 不足与展望

限于本人知识背景不够,再加上在一定程度上缺乏现代管理理论的学习和实践经验,本研究存在一定的不足。

首先,对于国内外关于可持续发展、生态工业理论以及技术创新理论的文献分析还不够透彻,对于循环经济形态内涵的思考还不够深入。再就是经济形态的转变过程是一个复杂的系统工程,同时其内涵也并非一成不变的,需要在深入研究的基础上,对影响其转变的关键因素进行进一步分析,并尝试对其演变规律进行初步的归纳,以期进一步了解循环经济的外沿与内涵。

其次,对于目前进行循环经济试点的企业实际情况掌握的还不够深入,没有对现有可持续发展理论、技术创新理论以及工业生态理论转化为实际的应用进行深入分析,没有真正意义上探索出由现有经济形态向循环经济形态转变的路径。

最后,本研究只是对于影响现有经济形态向循环经济形态转变的关键因素的初步探索,其中对于技术创新与循环经济形态实现之间关系的分析还不太明确,技术创新、可持续发展与循环经济形态之间的关系以及其科学合理性尚有待进一步论证。另外,应当进一步关注企业层面的循环经济试验,相关的理论与方法有待于在实际中逐步完善。

展望下一步研究工作,主要包括以下几个方面:

(1)持续对本领域相关文献进行梳理,尝试发现现有研究中遗漏的问题和解决方法,进一步深入对可持续发展与循环经济领域的研究。

(2)本研究的论证过程中还存在一些问题,例如统计样本的选取。在下一步的研究中,力图在统计分析的过程中选取更为广泛的样本以提高研究结论的信度和效度。

(3)继续考察可持续发展与循环经济之间的路径关系,尝试发现更多的中介变量,使其路径关系更为清晰。

(4)实地调研我国进行循环经济试验的企业,通过观察试验过程中出现的问题来进行进一步的研究,以期为我国企业实现循环经济提供理论上的支持。

主要参考文献

阿弗里德·马歇尔. 经济学原理[M]. 廉运杰,译. 北京:华夏出版社,2005.
庇古. 福利经济学[M]. 北京:商务印书馆,2006.
陈锐,牛文元. 循环经济:21世纪的理想经济模式[J]. 中国发展,2002(2).
冯之俊. 论循环经济[J]. 中国软科学,2004(10).
吉小燕,郑垂勇. 基于循环经济的投入产出表的改进[J]. 统计与决策,2007.
解振华. 大力发展循环经济[J]. 求是,2003(13).
雷明. 可持续发展下绿色核算—资源经济环境综合核算[M]. 北京:地质出版社,1999.
雷明. 绿色国内生产总值(GDP)核算[J]. 自然资源学报,1998(13).
雷明. 绿色投入产出核算[M]. 北京:北京大学出版社,2000.
李洪远. 生态学基础[M]. 北京:化学工业出版社,2006.
李慧明,王军锋. 加强物质流分析和调控是发展循环经济的关键[J]. 经济纵横,2006(2).
李兆前,齐建国. 循环经济理论与实践综述[J]. 数量经济技术经济研究,2004(9).
陆钟武. 关于循环经济几个问题的分析研究[J]. 环境科学研究,2003(16).
毛如柏,冯之浚. 论循环经济[M]. 北京:经济科学出版社,2003.
奈民夫·那顺,梁继业. 新形态的循环经济与循环经济学的研究[J]. 内蒙古农业大学学报,2002(3).
盛洪. 现代制度经济学[M]. 北京:北京大学出版社,2007.
唐建荣. 生态经济学[M]. 北京:化学工业出版社,2005.
汪毅,陆雍森. 论生态产业链的柔性[J]. 生态学杂志,2004(23).
王辉,郑祥民,郝瑞彬. 发展循环经济中的公众参与[J]. 环境与可持续发展,2006(1).

王俊,李俊霖.循环经济的投入产出分析[J].南方经济,2006.

王良健.区域可持续发展指标体系及其评估模型:湖南长沙市的实证研究[J].中国管理科学,2000(8).

王如松.循环经济建设的产业生态学方法[J].产业与环境(增刊),2003.

威廉·配第.赋税论[M].邱霞,原磊,译.北京:华夏出版社,2006.

向来生,郭亚军,孙磊,等.循环经济评价指标体系分析[J].中国人口·资源与环境,2007.

杨顺顺,栾胜基,王颖.基于负产品投入产出分析的循环经济定量化评价及实证研究[J].中国人口·资源与环境,2007(6).

张思锋,张颖.对我国循环经济研究若干观点的评述[J].西安交通大学学报(社会科学版),2003(10).

章波,黄贤金.循环经济发展指标体系研究及实证评价[J].中国人口·资源与环境,2005(3).

赵波,严立冬.论循环经济发展评价指标体系的设计[J].经济体制改革,2007.

郑云虹.基于循环经济的制度分析[J].东北大学学报(社会科学版),2006.

中科院可持续发展研究组.2000中国可持续发展战略报告[R].北京:科学出版社,2002.

诸大建,臧漫丹,朱远 C 模式:中国发展循环经济的战略选择[J].中国人口·资源与环境,2005(15).

诸大建.可持续发展呼唤循环经济[J].科技导报,1998(9).

诸大建.循环经济:上海跨世纪发展战略[J].上海经济研究,1998(10).

诸大建.循环经济的崛起与上海的应对思路[J].社会科学,1998(10).

A·迈里克·弗里曼著.环境与资源价值评估—理论与方法[M].曾贤刚,译.北京:中国人民大学出版社,1998.

Adriansse A. Bringezu S. Hammond A Resource Flows:the Material Basis of Industrial Economics[M]. Washington D C. USA:World Resource Institute,1997.

Bryant K. Promote Innovation:A Summary of Policy Issues Adopting Evolutionary Economics And Systematic Research Approach[J]. Frontiers of Evolutionary Economics Competitions, Self-Organization and Innovation Policy, 2000:363 - 386.

BurnsTom, George Stalker. The Management of Innovation[M]. London: Tavistock Press. 1966.

Cassing J, T. Kuhn. Strategic Environmental Policies When Waste Products are Tradable[J]. Review of International Economics, 2003(11).

Conrad. J. M, Colin C, Nature Resource Economics: Notes and Problems[M]. New York:Cambridge University Press,1987.

Cristiano Antonelli. The Economics of Innovation[J]. New Technologies and Structural Change . Routledge, UK , 2002:22.

Dess, Gregory G. Donald Beard. Dimensions of Organizational Task Environmental[J]. Administrative Science Quarterly, 1984,29:52 - 73.

Di Vita, Giuseppe. Renewable Resources and Waste Recycling[J]. Environmental Modeling and Assessment, 2004(9).

Eichner, T. R. Pethig,. Corrective Taxation for Curbing Pollution and Promoting Green Product Design and Recycling[J]. Environmental & Resource Economics, European Association of Environmental and Resource Economists, 2003, 25(4).

Eichner, T. R. Pethig. Product design and efficient management of recycling and waste treatment[J] . Journal of Environmental Economics and Management. 2001(41).

Eurostat. Economy-wide material flow accounts and derived indicators, methodological guide[R]. Luxembourg, 2001.

Freeman C. The Economics of Industrial Innovation[M]. Cambridge, MA: MIT Press. 1982.

Heinz Strebel. Industrial recycling networks as an entrance into circular economy[C]. International Summer Academy on Technology Studies-Corporate Sustainability,2004.

Herman. E. Daly. Beyond Growth: The Economics of Sustainable Development [M]. Boston: Beacon Press, 1996.

Hollander. The Sources of Iincreased Efficiency: A Study of dupont Rayon Plants[M]. Cambridge, MA: MIT Press. 1965.

Huhtala, Anni. Optimizing production technology choices: conventional production vs. recycling[J]. Resources and Energy Economics, 1999(21).

Kandelaars, Patricia P. A. A. H. Material Product Chains: Economy Models and Application[M]. Amsterdam: Thesis Publihers, 1998.

Kenneth. E. Boulding. Earth as a Spaceship[M]. Washington State University Committee on Space Sciences, 1965.

Kleinknecht, Alfres, J. O. N. Reijnen. "Why do firms cooperate on R&D? An Empirical Study"[J]. Research Policy, 1992. 21:347 - 360.

Kline, Rosenberg. "An Overview of Innovation" in R. Landau and N. Rosenberg, The Positive Sum Strategy: Harnessing Technology For Economic Growth[M]. Washington: Natural Academy Press. 1986.

Koji Takase, Yasushi, Ayu, Washizu. An analysis of sustainable consumption by the waste input-output model[J]. Journal of Industrial Ecology. 2005 (1).

Louis de Mesnard. Understanding the Shortcomings of Commodity Based Technology in Input-output Models: An Economic-Circuit Approach[J]. Journal of Regional Science, 2004(44).

Mainwaring. L, Primary resource use and voluntary recycling schemes: dynamic issues in a global context[J] . Resource Energy Economics, 1995(17).

Mathijs. Bouman, Reinout. Heijungs, Material flows and economic models: An analytical comparison of SFA, LCA and partial equilibrium models[J]. Ecological Economics, 2000(32).

Mathis Wackemgel, William E Rees Our Ecological Footprint: Reducing Human Impact on the Earth[M]. Gabriola Island. B. C, Canada: New Society Publishers, 1996.

Matti Melanon. Measuring region Eco-efficiency: Case Kymenlaakso[R]. Helsinki Edita Publishing Ltd, 2004.

Moch, Michael. Edward V. Morse. "Size, Centralization and Organizational Adoption of Innovations"[J]. American Sociological Review, 1977, 42: 716 – 725.

Musu I, M. Lines. Endogenous Growth and Environmental Preservation[C]. Paper presented on the 4th Conference of the European Association of Environmental and Resource Economists, 1993.

Nelson, Richard. , Winter, Sidney. An evolutionary Theory of Economic Change[M]. Cambridge UA: Harvard University Press. 1982.

North, D. C. Institutions, Institution Change and Economic Performance[M]. Cambridge: Cambridge University Press. 1990.

North, D. C. Some Fundamental Puzzles in Economic History Development[J]. Washington University Economics Development Working Paper, 1995.

Odum. H. T. . Energy in Ecosystems. In: Ecosystem Theory and Application [M]. New York: Wiley, 1986.

OECD, Extended Producer Responsibility in the OECD Area. Phase 1 Report. Legal and Administrative Approaches in Member Countries and Policy Options for EPR Programmers. Paris: OECD, 1996.

Opricovic S. Tzeng G. H. Defuzzification within a Multicriteria Decision Model [J]. International Journal of Uncertainty, Fuzziness and Knowledge Based Systerm, 2003,11(5):635 – 652.

Pearce D. W, Turner R. K. . Economics of Natural Resources and The Environment Baltimore[M]. The Johns Hopkins University Press. 1989.

Pittlel, Karen, Amigues. Jean-Pierre and Kuhn Thomas, Endogenous Growth and Recycling: A Material Balance Approach[R]. Institute of Economic Research, Swiss Federal Institute of Technology Zurich, 2005.

Rebecca M. Heriderson, Kim B. Clark. Architectural Innovation: The Reconfiguration of Existing Product Technologies and The Failure of Established

Firms[J]. Administration Science Quarterly, 1995.

Robert D. Dewar, Jane E. Dutton. The Adoption of Radical and Incremental Innovations: A Empirical Analysis[J]. Management Science, 1986,32(11): 52-73.

Schaltegger, Steven, Roger. Burritt. Contemporary Environment Accounting [M]. Sheffield,U. K. Greenleaf Publishing, 2000.

Shinichiro Nakamura, Yasushi Kondo. Input-Output Analysis of Waste Management[J]. Journal of Industrial Ecology, 2002(1).

Shumpeter, Joseoh A. The Theory of Economic Development. Cambridge[M]. MA: Harvard University Press, 1934.

Tushman, Michael, Philip Anderson. Technological Discontinuities and Organizational Evironments[J]. Administrative Science Quarterly, 1986. 31:439-465.

Wackernagel M and Rees W. Our Ecological Footprint: Reducing Human Impact on the Earth[M] New Society Publishers, 1996.

Wackernagel. M, Chambers. N, Simmons. C. Sharing Nature's . Interest Ecological Footprints as an Indicator of Sustainability[M]. Earth Scan London, 2000.

Wackernagel. M, Rees. W. E. Perceptual and structural barriers investing in natural capital: Economics from an ecological footprint perspective[J]. Ecological Economics,1997(20).

Wemick and J. Ausubel. National Materials Flows and the Environment[J]. Annual Review of Energy and Environment,1995(20).

World Wide Fund for Nature(WWF). Living Planet Report 2000[C]. Gland Switzerland,2000.